本书为2018年北京市教委项目"全媒体时代网络编辑的职责、能力与素养"结项成果，由北京市新闻传播学高精尖学科建设专项资助出版

全媒体时代网络编辑与文化传播研究

QUANMEITI SHIDAI WANGLUO BIANJI YU
WENHUA CHUANBO YANJIU

王 瑞 ◎ 著

图书在版编目（CIP）数据

全媒体时代网络编辑与文化传播研究 / 王瑞著．—北京：知识产权出版社，2021.10
ISBN 978-7-5130-7412-4

Ⅰ.①全⋯ Ⅱ.①王⋯ Ⅲ.①互联网络—新闻编辑—研究 Ⅳ.①G210.7②G213

中国版本图书馆 CIP 数据核字（2021）第 007493 号

内容提要

本书立足于全媒体时代传媒行业发展及人才需求变化现状，针对网络编辑的职业定位演进、知识技能拓展、基本素养提升、人才培养模式创新等方面进行深入、系统剖析。在此基础上，本书探索了新形势下网络编辑相关人才队伍建设的趋向及对策，以期更好发挥其在中国特色社会主义文化建设与传播领域的积极作用，为我国建设网络强国、出版强国和文化强国助力。本书既可供高等院校相关专业师生阅读，又可为网络编辑从业人员和网络出版服务单位提供参考。

责任编辑：曹靖凯　　　　　　　　　　责任印制：孙婷婷

全媒体时代网络编辑与文化传播研究
王瑞　著

出版发行：知识产权出版社 有限责任公司	网　　址：http://www.ipph.cn
电　　话：010-82004826	http://www.laichushu.com
社　　址：北京市海淀区气象路 50 号院	邮　　编：100081
责编电话：010-82000860 转 8763	责编邮箱：caojingkai@cnipr.com
发行电话：010-82000860 转 8101	发行传真：010-82000893
印　　刷：北京中献拓方科技发展有限公司	经　　销：各大网上书店、新华书店及相关专业书店
开　　本：720mm×1000mm　1/16	印　　张：13.25
版　　次：2021 年 10 月第 1 版	印　　次：2021 年 10 月第 1 次印刷
字　　数：210 千字	定　　价：58.00 元
ISBN 978-7-5130-7412-4	

出版权专有　侵权必究
如有印装质量问题，本社负责调换。

目 录

001 | 绪 论

004 | 第一节 选题依据及研究价值
005 | 第二节 研究现状
015 | 第三节 研究思路、内容及方法

019 | **第一章 互联网发展推动全球网络安全协作**

023 | 第一节 互联网的起源与发展
027 | 第二节 中国加入互联网的发展历程
031 | 第三节 网络安全问题引发国际广泛关注
034 | 第四节 中国倡导构建网络空间命运共同体

039 | **第二章 媒体融合深化出版传媒产业变革**

042 | 第一节 出版传媒产业变革的机遇
044 | 第二节 出版传媒产业变革的进程及成就
049 | 第三节 网络出版的兴盛

053 | 第三章　全媒体时代网络编辑概念的发展演进

055 | 第一节　网络编辑员职业资格认定制度的实施及取消

058 | 第二节　北京市推行数字编辑专业技术资格评价制度

061 | 第三节　新形势下网络编辑的内涵与外延拓展

067 | 第四章　全媒体时代网络编辑的知识与能力分析

070 | 第一节　网络编辑的职业定位及发展演进

072 | 第二节　列入国家职业大典之前网络编辑的迷茫与困惑

074 | 第三节　《网络编辑员国家职业标准》相关知识、技能要求

087 | 第四节　网络编辑知识与能力的发展趋向及对策

093 | 第五章　全媒体时代网络编辑应具备的基本素养

095 | 第一节　网络编辑的政治理论素养与情感意志

099 | 第二节　网络编辑的职业道德与专业素养

103 | 第三节　网络编辑的文化涵养与创新服务意识

108 | 第四节　网络编辑的法制观念与版权意识

119 | 第六章　全媒体时代网络编辑人才培养模式分析

122 | 第一节　网络编辑人才的专业资格评定制度

130 | 第二节　高等院校网络编辑人才培养现状

135 | 第三节　网络编辑人才的职业培训体制机制建设

149 | 第四节　网络编辑人才培养模式创新趋向及发展对策

| 161 | 第七章　全媒体时代网络编辑的文化使命

| 163 | 第一节　坚持以人民为中心，推动社会主义网络文化建设
| 170 | 第二节　引导国民阅读新趋向，提升全民阅读水平
| 180 | 第三节　借助数字化智能新技术，提升网络内容传播效果
| 186 | 第四节　丰富表现形式，传承民族文化

| 193 | 结　语

| 197 | 参考文献

绪 论

我国的国际互联网络建设可以追溯到1994年。经过二十余年发展，我国已位居全世界互联网应用人数第一位。据中国互联网络信息中心（CNNIC）发布的第47次《中国互联网络发展状况统计报告》相关统计数据显示，截至2020年12月，我国的IPv6地址数量为57634块/32，互联网普及率达到70.4%，网民总数量为9.89亿，其中包括9.86亿手机网民，网民使用手机上网比例达99.7%。

尤其值得关注的是，2020年我国国内生产总值首度突破百万亿元。在世界各国经济大多遭受新型冠状病毒疫情（以下简称"新冠疫情"）重创的背景下，中国之所以能成为2020年度全球唯一实现经济正增长的主要经济体，互联网行业的积极助力无疑发挥了重要作用。

互联网与现代信息技术的迅猛发展改变了传统的媒体格局，加快了媒体融合及全球化发展趋势。广大网络编辑肩负着建设网络强国、出版强国和文化强国的重大历史使命，只有拓展视野、坚定信念，科学认识并遵循网络传播规律，有效提升专业能力与素养，切实满足网民的多层面需求，持续为促进国家发展提供驱动力。

第一节　选题依据及研究价值

1994年4月20日，我国全功能接入互联网。

1996年1月，中国公用计算机互联网（CHINANET）全国骨干网建成并正式开通；1996年2月1日，国务院发布《中华人民共和国计算机信息网络国际联网管理暂行规定》❶。1996年亚太地区的通信和联网业规模排名世界第三，仅次于北美和欧洲。❷1997年元旦，人民网进入国际互联网络，成为中国开通的首家中央重点新闻宣传网站。

1997年11月，CNNIC首次发布《中国互联网络发展状况统计报告》，相关统计数据显示：截至1997年10月31日，中国共有29.9万台计算机上网，上网用户达62万，WWW站点约1500个，国际出口带宽25.408M，注册的CN域名共4066个。❸1998年5月，在联合国新闻委员会年会上，时任联合国秘书长安南正式使用"第四媒体"的概念。由于互联网发展引发广泛关注，因此中国科学院于1998年6月创办了《网络报》和《互联网周刊》。❹

早在20世纪末，各大网站就已经开始自发建设网络编辑队伍，主要以计算机等学科背景的从业人员为主。网络编辑在我国成为一种职业，可以追溯到2005年。2005年3月24日，国家劳动和社会保障部在公示的第三批10个新职业名单中，将网络编辑员列入《中华人民共和国职业分类大典》（以下简称"国家职业大典"），同时颁布《网络编辑员国家职业标准》。近年来，网络编辑队伍的构成日趋多元化，具有社会学科背景的编辑大量增加。随着互联网在国家政治、经济和文化等方面的影响日益凸显，网络编辑的地位与作用逐渐得到强化。

当前，互联网的全球化深入发展，促使世界各国政府普遍重视网络安全

---

❶ 中华人民共和国国家互联网信息办公室.1994年～1996年互联网大事记[EB/OL].（2009-04-10）.http://www.cac.gov.cn/2009-04/11/c_126500497.htm.

❷ 刘文利.ATM WAN在亚太的前景[N].中国计算机报，1998-03-26（C9）.

❸ 中华人民共和国国家互联网信息办公室.1997年～1999年互联网大事记[EB/OL].（2009-04-12）.http://www.cac.gov.cn/ 2009-04/12/c_126500441.htm.

❹ 百万国人上网[N].网络报，1998-06-08（13）.

与信息化建设，网络人才培养引起广泛关注。2016年4月19日，习近平在网络安全和信息化工作座谈会上的讲话中指出："网络空间的竞争，归根结底是人才竞争。建设网络强国，没有一支优秀的人才队伍，没有人才创造力迸发、活力涌流，是难以成功的。念好了人才经，才能事半功倍。"❶

由于互联网产业的快速发展与供给侧改革的逐步推进，我国对优秀网络编辑人才的需求持续增长。据统计，2006年网络编辑群体总量约有300万人，2014年网络编辑从业人员则近600万人。❷近年来相关从业人员人数更是大幅增加。新形势下，探索创新网络编辑人才培养模式，不仅事关我国网络出版产业与数字经济健康发展，而且对网络强国、出版强国、文化强国等战略实施影响深远。为了适应全媒体时代网络编辑人才需求，在各级管理部门的统筹规划下，高等院校、职业学校、科研单位、互联网企业与行业协会等各方面力量都积极参与探索全流程、多层次、立体化协同培养，集中优势资源，逐步完善专业资格评定与职业培训制度，建立健全网络编辑复合型应用人才培养体系。

本书立足于新形势下网络编辑概念内涵与外延的拓展，尝试深入、系统地研究网络编辑肩负的职责及其应具备的能力、素养，以期为国家相关管理部门强化网络编辑人才队伍建设与管理提供参考，并为相关领域未来发展提出建设性意见。

第二节　研究现状

进入21世纪，伴随着互联网等新兴媒体的迅猛发展，书报刊等传统媒体与新兴媒体之间的融合日益深入。我国各级管理部门一直大力支持、推进媒体融合发展。在2006年、2007年发布的《国家"十一五"时期文化发展规划纲要》和《新闻出版业"十一五"发展规划》等文件中，明确提出"国家数字复合出版系统工程"规划，肯定新闻出版业应提高信息化水平和传播能力，发展手机

---

❶ 中共中央党史和文献研究院. 习近平关于网络强国论述摘编[M]. 北京：中央文献出版社，2021：37.
❷ 周葆华，寇志红，郭雪颖. 网络编辑生存大调查[J]. 网络传播，2014（1）：20.

网站、手机报刊、IP 电视、移动数字电视、网络广播、网络电视等新兴传播载体，综合利用大众喜闻乐见的多种形式推进全方位、深层次新闻出版内容资源开发，打造包括书报刊、音频视频媒体及各种网络媒体等多种媒体形态共存的现代内容产业。

2016 年 2 月 19 日，习近平在人民日报社、新华社、中央电视台调研，主持召开了党的新闻舆论工作座谈会并发表重要讲话，强调要从"相加"到"相融"，借助新媒体传播优势，着力打造新型主流媒体。2019 年 1 月 25 日，习近平主持中共中央政治局第十二次集体学习，针对全媒体时代的挑战和机遇，明确要求推动媒体融合向纵深发展。❶

一、"全媒体"与"全媒体时代"

1. 全媒体概念的发展变化

追根溯源，"全媒体"（Omnimedia）一词源于美国，被用于一家公司名称中。在国外，该词一般用作专有名词。

"全媒体"包括以下三个层面：一是采用文字、声音、影像、动画、网页等多种媒体表现手段传播媒介信息；二是利用不同媒介形态，例如广播、电视、音像、电影、出版、报纸、杂志、网站等，通过广播电视网络、电信网络、互联网络三网融合进行传播；三是致力于实现任何人、任何时间、任何地点、以任何终端获取信息融合资源。❷

在我国，"全媒体"一词早期流行于传媒业界及应用层面。20 世纪末，有学者提出彩电科技新趋势——全媒体彩电。这种彩电作为图像显示用的终端，可以把 TV、CATV、PC（VGA）、可视电话、DVD、杜比功效系统、DVBS、BVBC、DVBT、Internet、NICAM（数字丽音广播）、Teletext（数字图文广播）、STB（机顶盒）等各种与图像有关的媒体信息呈现出来。❸

---

❶ 中华人民共和国网络安全和信息化委员办公室. 引领媒体融合走上快车道 [EB/OL].（2019-12-02）. http://www.cac.gov.cn/2019-12/02/c_1576821711534169.htm.

❷ "全媒体"词条 [EB/OL]. [2021-01-10]. https://baike.baidu.com/item/%E5%85%A8%E5%AA%92%E4%BD%93/1220226?fr=aladdin.

❸ 杨红心. 彩电科技新趋势——从多媒体到全媒体，从模拟数字到全数字 [J]. 广播与电视技术，1998（8）：65.

2007年，北大方正电子有限公司贯彻"全媒体+复合出版"理念，通过建设全媒体资源服务平台、全媒体内容生产平台、全媒体多渠道出版平台、全媒体经营管理技术支撑平台、全媒体应用整合平台等，推出面向报业的全媒体复合出版解决方案，以满足我国报业转型发展需要。❶2008年8月，国家新闻出版总署组织专家组，验收通过了由烟台日报传媒集团承担的报业全媒体数字采编发布系统项目。❷

　　关于"全媒体"概念，学界并未达成共识。有人将全媒体看作一种媒介运营模式，如彭兰就认为全媒体是新闻业务运作的模式与策略，即运用所有媒体手段和平台来构建大的报道体系❸。有人肯定全媒体是一种新型媒介传播形态，如罗鑫就提出全媒体是开放、兼收并蓄的传播形态❹。此外，有的研究者将全媒体看作一种全新的新闻教育模式。❺而姚君喜、刘春娟则提出，全媒体"是一种全新的信息生产方式和全新的传播观念"❻，不仅是在集成各种媒体的基础上对人们信息感知的全面实现，而且提升了人类信息认知经验和媒介素养。

2. 全媒体时代

　　"全媒体时代"的提出，可以追溯到2006年。《中国传媒科技》于2006年10月发表了题为《引领报业走进"全媒体"时代——访北京北大方正电子有限公司总裁刘晓坤》的文章，勾勒出全媒体时代报业的发展趋向与前景。同年，国家发布《国家"十一五"时期文化发展规划纲要》。此纲要和2007年发布的《新闻出版业"十一五"发展规划》中均列出"全媒体"战略。2008年，新闻出版总署组织专家组验收通过了报业全媒体数字采编发布系统项目。此后，"全媒体时代"一词在传媒业界应用日渐广泛，并出现"全媒体战略""全媒体出版""全媒体广告""全媒体记者""全媒体报道"等新提法。

---

❶ 曹学均.数字报业与全媒体资源服务平台建设[J].中国传媒科技，2007（11）：60.
❷ 田胜立.报纸编辑业的新跨越——烟台日报传媒集团报业全媒体数字采编发布系统尝试"第二次跨越"[J].中国编辑，2009（1）：64.
❸ 彭兰.媒介融合方向下的四个关键变革[J].青年记者，2009（6）：22.
❹ 罗鑫.什么是全媒体？[J].中国记者，2010（3）：82.
❺ 蔡雯.媒介融合前景下的新闻传播变革与新闻教育改革[J].今传媒，2009（1）：23.
❻ 姚君喜，刘春娟."全媒体"概念辨析[J].新闻与传播研究，2010（6）：14-16.

近年来，随着互联网，特别是移动互联网、智能终端的迅猛发展，以及大数据、云计算、区块链、人工智能等新技术的应用，"全媒体时代"的内涵也在不断拓展。新形势下，"全媒体时代"不仅以信息、知识传播的多种媒体表现手段及媒介形态深度融合为特征，而且在新型传播理念指导下逐渐涵盖全程媒体、全息媒体、全员媒体、全效媒体"四全媒体"的多层面传播协同创新与发展。

二、网络编辑相关研究演进

历经二十余年的发展，我国关于网络编辑的研究取得了较大进展。笔者在中国知网上共检索到相关文献 3140 篇、硕博论文 56 篇，但篇名中含有"全媒体时代网络编辑"的仅有 6 篇论文。

具体来看，20 年来针对网络编辑的研究主要包括以下五个方面：

第一，探讨网络发展对于我国学术期刊、科技期刊编辑工作的影响。

网络编辑作为一种职业，无疑是伴随着互联网的发展而产生的。20 世纪末，相关研究成果大多还未明确使用"网络编辑"概念。

其中伊增坦在《从信息产业现代化看科技期刊的发展前景》中提出，信息产业现代化发展推动科技期刊编辑角色转型，计算机终端将成为编辑们联系各行业专家、参与各种学术会议和公关活动的主要工具，其日常工作将会是及时采集资料、更新存储内容，主要工作成果包括在中心数据库基础上整理成有序精炼的供检索的信息流，以及"节目制作"——即把比较成熟的内容编辑成整套的用声像动画表述的教材或"杂志"，供院校、科研院所和生产单位订购或选购。❶

吴澄的《多媒体、网络技术与期刊编辑新变革》一文中指出，为了适应科学技术的迅猛发展和读者的多样化需求，学术期刊编辑工作应全程电脑化。❷陈利敏、吴寿林的《网络科技期刊编辑素质探讨》从网络科技期刊编辑素质要求的独特性、内涵的丰富性及培养的实践性三个方面探讨了如何养成和

---

❶ 伊增坦. 从信息产业现代化看科技期刊的发展前景 [J]. 编辑学报，1995，7（3）：170-172.
❷ 吴澄. 多媒体、网络技术与期刊编辑新变革 [J]. 上海师范大学学报（社会科学版），1998，27（1）：139.

提高科技期刊编辑素质。❶

黄丹萍在《编辑工作者面临新的挑战》中认为，电脑网络编辑系统是通过记者、编辑与媒介内部各部门、各级领导的电脑联网实现的，使编辑工作实现无纸化、高效化、高质化。这一系统要求编辑人员应具备更高的素质，主要包括五个方面：熟练运用网络和多媒体的能力、较强的验证和过滤信息能力、借助网络进行采访与报道的能力、快捷获得反馈意见及与读者交流的能力、较强的外语能力。❷肖宏等人在《网络与现时编辑》中则探索了互联网传播及传媒业变革对科技文献检索、科技论文发表模式的影响，并基于科技编辑工作流程、模式的变化提出适应网络化发展的科技编辑工作电子化新概念与新方法。❸

第二，针对网络编辑职业定位及其应具备的能力素养进行分析。

21世纪之初，黄彬发表《论网络编辑人员的新闻职业素质》一文，题目中不仅有"网络编辑人员"，还将"网络编辑"作为关键词，而且从内容、形式、经营等多层面关注由于网络编辑职业素养不佳而导致的网络传播不正规现象，如重形式轻内容、网站服务能力有限、无序排列的新闻、随处可见的信息垃圾、稿件存在格式错误和错别字，等等，认为要在稿件的真实性、稿件的配置和修改方面加强网络编辑的职业素质和职业道德。该文在"第四媒体"兴起的背景下，将网络编辑职业素养低看作造成上述乱象的起决定作用的内因，具有前瞻性地提出为了满足用户需求而提高网络文化层次、加强网络的竞争力、培养一支专业的网络信息编辑队伍意义重大。但是，作者将网络编辑单纯看作是与传统新闻工作者一样的"新闻传播者的角色"，认为两者的区别主要在于工作方式和工作手段不同。❹

此外，余瑞冬在《网络编辑社会角色及素质能力剖析》中，也将网络编辑看作是网络环境下从事新闻传播的从业人员，认为其"工作职能主要是：设计新闻媒体网站的方针、策划安排报道、组织稿件、选择稿件、修改稿件、制

---

❶ 陈利敏，吴寿林. 网络科技期刊编辑素质探讨 [J]. 学报编辑论丛（第8集），1999（10）：180.
❷ 黄丹萍. 编辑工作者面临新的挑战 [J]. 厦门科技，1999（4）：31.
❸ 肖宏，李颖，杨如华. 网络与现时编辑 [J]. 编辑学报，1999（1）：25-28.
❹ 黄彬. 论网络编辑人员的新闻职业素质 [J]. 中国民族大学学报，2000（6）：104-108.

作标题、配置稿件、设计制作并发布新闻页面"❶。这一时期的相关研究成果还有：陈飞的《从〈人民网〉看网络编辑的特征》（《新闻采编》，2001）、毕永光的《网络新闻编辑浮出水面》（《中华新闻报》，2000），以及王军的《网络新闻编辑研究》（硕士论文，2002）、杨琴的《网络新闻编辑角色探讨》（硕士论文，2002），等等。

2005年，网络编辑员被纳入国家职业大典，列入我国正式发布的第三批新职业，获得了社会承认。依据《网络编辑员国家职业标准》规定，网络编辑分为网络编辑员、助理网络编辑师、网络编辑师和高级网络编辑师四个等级。同年，由刘世英、刘国云、贾娟娟编著，中国时代经济出版社出版的《网络时代的宠儿网络编辑人员必读》❷一书，基于网络编辑与以往纸质媒体和广播从业人员相比的新特点，主要向读者介绍网络编辑工作中的编辑技巧。卢金燕主编的《网络编辑实务项目教程》内容包括文稿编辑、网络多媒体编辑、网络频道与栏目设计、网络专题策划、网络互动管理及网络平台建设六个项目，每个项目又下辖概要、知识、任务、总结四个模块。❸

此外，还有多篇论文探讨网络编辑的角色定位及应具备的能力素养，主要包括：薛飞的《网络编辑把关工作中面临的问题及策略》（《记者摇篮》，2020）、李新新的《新媒体时代网络编辑现状及职业素养初探》（硕士论文，2019）、吴兰的《网络空间治理中网络编辑的角色及其能力提升路径分析》（《中国编辑》，2018）、董宏强的《现代新媒体时代下网络编辑的发展现状及素养因素分析》（《传播与版权》，2017）、张科的《作为新兴传播者的网络编辑及其素质要求》（《新闻传播》，2017）、刘雅的《网络新闻编辑的角色定位》（《新闻窗》，2017）、张超的《浅谈新媒体背景下网络编辑的职责》（《中国培训》，2017）、孙玉的《全媒体时代网络编辑的职能定位与转型探析》（《戏剧之家》，2016）、伏雪琨的《浅谈网络编辑应具备的素质》（《新闻研究导刊》，2016）、孙于茜的《新媒体时代网络编辑的发展现状及素养分析》（《新闻窗》，2016）、吴春霞的《浅析网络编辑的职业背景、特点和发展途径》（《中国编辑》，2016）、张雅琴

---

❶ 余瑞冬.网络编辑社会角色及系统能力剖析[D].桂林：广西大学，2001.
❷ 刘世英，刘国云，贾娟娟.网络时代的宠儿网络编辑人员必读[M].北京：中国时代经济出版社，2005.
❸ 卢金燕.网络编辑实务项目教程[M].西安：西安电子科技大学出版社，2018.

的《原创文学网站网络编辑的工作内容研究》(硕士论文,2015)、王晓霞的《网络编辑与网络受众的自我意识研究》(硕士论文,2014)、窦宝国的《浅析我国网络编辑的现状及发展前景》(《编辑之友》,2010),等等。

第三,结合网络编辑相关领域发展,积极探索网络编辑学的学科建设。

2001年,戢斗勇在《电子出版与网络编辑学》一文中指出,网络编辑学作为网络电子出版的核心理论,还未得到业界、学界的重视,"目前还是一个尚未分娩的胎儿"[1]。他认为网络编辑学"就是编辑学在网络中的应用",对这一概念进行界定并倡议出版同时适合网络人员和传统媒体编辑人员的网络编辑学著作。

2002年,戢斗勇又在《出版发行研究》上发表了《网络编辑学的建立及学科构想》,针对网络编辑学这一"尚未被开垦的处女地",提出网络编辑学是与报纸编辑学、期刊编辑学、音像编辑学等相并列的一个编辑学分支,并延续其在《电子出版与网络编辑学》中关于网络编辑学的概念界定:"所谓网络编辑学,就是网络出版者以网络为载体,对信息源进行有效采集、筛选、解码、编码和传播,使信息源按照传播目标达到最大社会化的学问和技术,是研究现代信息社会里网络编辑的现象、行为、特点、性质、内容和规律的学科。"值得注意的是,戢斗勇提出网络编辑学的学科体系结构包括理念、技术、业务、文化、管理五个方面,认为网络编辑学是区别于传统编辑学的现代编辑学,是一门"前范式新学科",既是理论又是技术,推进相关研究不仅有利于创新和发展编辑学、提高网络编辑的素质,还有利于规范网站、网络的发展,建构和弘扬中华网络文化。对比两篇文章不难发现,时隔一年,戢斗勇的《网络编辑学的建立及学科构想》一文,将其在《电子出版与网络编辑学》中关于建立网络编辑学初步思考进行了全面深化和体系化发展。

2005年之后,有关网络编辑的图书纷纷涌现,如《网络编辑》(东北财经大学出版社,2007)、《网络编辑基础教程》(中国社会科学出版社,2013)、《网络信息编辑》(北京航空航天大学出版社,2013)、《网络编辑》(机械工业出版社,2016)、《网络编辑:内容规划 文案创作 运营推广》(人民邮

---

[1] 戢斗勇.电子出版与网络编辑学[J].中国电子出版,2001(Z1):71.

电出版社，2019），等等。

这些著作主要结合网络编辑的工作实际，针对其工作流程、职责任务、工作内容及实务技巧等进行系统介绍和训练，侧重培养从业人员的操作能力，有较强的实践指导意义。例如，韩隽、吴晓辉等编著的《网络编辑》介绍了网络编辑的职业素养、网站定位、网站的结构与编排、网络的文字编辑、网络的图片编辑、网络的音视频编辑、交互性设计、网站的经营管理等内容，属于高职高专教育电子商务专业教材新系；杨志宏编著的《网络编辑基础教程》以"基础知识＋实例解析"的方式，详细介绍网络信息管理、内容管理系统、新闻图片编辑和网络语言等基础知识，认为网络编辑应具备新闻素养及网络语言应用等能力；李立威等编著的《网络信息编辑》介绍了网络信息的采集与归纳、网络文稿编辑、网络多媒体信息编辑、网络信息原创、网络专题策划、网络互动方式等内容；班欣、梁剑云主编的《网络编辑》，内容主要包括网络资讯编辑、网络多媒体编辑、专题与专栏编辑、社会化媒体编辑、门户论坛内容编辑、活动策划编辑等；宋夕东主编的《网络编辑：内容规划 文案创作 运营推广》从网络编辑岗位的要求、职业素养和知识技能入手，结合实例，详细介绍了认识网络编辑、规划与设计网站内容、创作和编辑网站内容、策划网站专题活动、创作和编辑新媒体内容、运营和推广网站、新媒体运营推广、网络编辑工具的使用等知识。

第四，结合传媒产业发展，关注网络编辑人才培养与实务培训。

针对网络编辑人才培养与培训的相关图书往往理论联系实际，重视知识讲解与实务训练。例如，董江勇、李博明主编的《与50位网站主编面对面：BiaNews网编训练营系列讲座》（清华大学出版社，2010），既包含网络编辑需要掌握的知识与技能，又有职业规划和个人经验方面的分享；赵丹编著的《网络编辑实务》（浙江工商大学出版社，2010）共十一章，包括网站策划、网站频道与栏目策划、网络专题策划、网络信息的采集与筛选、网络文字信息编辑、网络图片信息编辑、网络音视频信息编辑等内容；谭云明、詹泳鸿、王付刚编著的《10招炼就金牌网编》（机械工业出版社，2014）一书，非常重视实操性与实用性，既有网络编辑的基本理论知识，又有相关能力训练与经典案例分析；王晓红主编的《网络信息编辑实务》（高等教育出版社，2013），采用"任务提出→任务分解→任务实施"的编写方式，立足于网络编辑人员必备的职业素质和专业技能，系统梳理网络编辑工作、网络信息筛选与归类、网络内容编辑、网络原创内容、网络专题策划与制作、网络互动形式及网页制作等内容；王向军、杨祎、王波编著的《网络编辑实务：网络信息内容建设与运营》从网络编辑的实际工作内容、职位要求、未来职业发展出发，对网络信息的内容建设与运营进行介绍。

相关研究论文主要包括：李蕾的《论复合型网络编辑人才的培养》（《传播力研究》，2019）、王宏的《移动互联网时代网络编辑人才培养模式》（《出版发行研究》，2018）、叶芳的《网络编辑专业人才培养的探索与思考》（《新闻窗》，2018），等等。

第五，针对网络编辑的生存与发展状况进行调查研究，并提出发展建议。

调查研究方面的成果主要有：周葆华、寇志红、郭颖的《网络编辑生存大调查》（《网络传播》，2014），刘灿姣和王宇的《网络编辑职业资格培训与认证调查报告》（《中国编辑》，2015），孙钰、李丽萍的《网络编辑生存实况调查》（《中国出版传媒商报》，2017-03-28），刘婧媛的《融媒体网络编辑的机遇与挑战》（《新闻研究导刊》，2018），陈霞的《新媒体网络编辑职业现状及发展前景》（《中国报业》，2019-09-25），等等。

2013年11—12月，东方网和复旦大学新闻学院联合成立了"中国网络新闻工作者生存状况调查"课题组，开展了大型问卷调查，共有1631位来自全国60家新闻网站，从事编辑和采访等工作的从业者接受调查。调查显示，网络编辑从2005年起被列入国家职业大典，这一群体到2006年大概有300万人，到2014年总人数则接近600万。

2015年，刘灿姣、王宇发表的《网络编辑职业资格培训与认证调查报告》一文，则主要通过实地走访和网络调查，对湖南省新闻出版广电局、湖南省出版工作者协会、湖南省新闻工作者协会，以及湖南省35家、外省11家互联网内容生产与传播企业的200余人进行问卷调查，从网络编辑从业者和政府、行业、企业管理者两个层面进行调查。通过调查发现，不加区分的制式化培养模式很难从根本上提升网络编辑从业人员的职业素养与职业能力。相关管理部门只有面向社会、统筹规划，有效整合包括新闻出版行业协会、高校、科研院所、信息技术公司等各方力量，将网络编辑职业资格纳入出版专业技术人员职业资格管理，建立健全网络编辑职业资格认证和职业培训体系，适应行业和企业需求逐步开放权限，灵活采用多种形式推进按需培训，才能充分激发互联网内容产业发展的人才培养优势。

孙钰、李丽萍的《网络编辑生存实况调查》以2017年2月北京市新闻出版广电局为首批北京市数字编辑专业高级资格职称获得者颁发证书为背景，选取阅文集团、中文在线集团、视觉中国、光明网、懒人听书、爱奇艺、掌阅、畅读科技、豆瓣、知乎、人民交通出版社、中国地质出版社等15家代表性企业的20多位与内容岗位相关的编辑人员进行调研。《网络编辑生存实况调查》分为上、下两大部分，分别针对网络文学编辑，以及出版机构、垂直媒体、综合资讯门户、音频视频平台的相关从业人员进行深入访谈与调查。该文在上半部分中，通过对中文在线SIP团队策划经理滕富军、阅文集团二次元频道内容编辑彭继侠、掌阅文化网编新人苏叶、掌中文学网畅读书城编辑河马等人日常工作的个性化解读，为读者呈现出新形势下网络文学内容编辑者的群像。无论是着力打造超级IP、根据市场需求开展营销推介，还是应对品类细化、流程标准化的挑战，网络编辑们的工作压力普遍较大。正如中文在线集团SIP策划开发团队负责人刘英所说，合格的基层网站编辑必须具备七项基本技能，不仅需要熟悉自己的岗位和网站，而且还需要熟悉业界网站、有充足的阅读率和足够的判断力、能够有效与作者沟通、能够全天候作战，还要既能够通过学习进步，也能够坚持原则不动摇。与之相呼应，文章的下半部分为读者呈现了新媒体编辑的六大非典型画像，分别是：游走于交叉领域的社交媒体编辑、发现新鲜有力的作品的网文编辑、挣扎中转型的综合门户网编、业务模式全盘颠覆的垂直媒体网编、变现优质内容的视频音频网编，以及正在努力成长为可视化知识服务者的出版机构数字编辑。概括而言，全媒体时代网络编辑需要应对职业角色转型和职业技能拓展的双重考验。

2019年，陈霞在《新媒体网络编辑职业现状及发展前景》一文中肯定，随着我国网络文学用户规模日益增大，新媒体文学网络编辑作为一种新兴职业引发广泛关注，其市场需求总增长量超过26%，具有广阔发展前景。新媒体文学编辑是网络社会的"把关人"和"调试器"，其工作职能的拓展不仅要求从业者具备更高的综合性能力素养，也呼吁国家、行业和管理部门多方面做好应对，共同推进相关领域的健康发展。

这些调查研究能够关注新形势下网络编辑职业的发展机遇与挑战，为研究者提供了宝贵的资料与启发，推动学界、业界积极思考网络编辑，尤其是网络新闻编辑、网络文学编辑等从业者的职业特征及发展前景。

提出相关发展建议的成果主要包括：王新春的《网络编辑的智能研究》（硕士论文，2008）、吴桂霞的《我国网络新闻编辑的职业化研究》（硕士论文，2011）、王飞月的《网络编辑规范及其应用研究》（硕士论文，2011），刘灿姣、王宇的《关于完善我国网络编辑执业资格制度的政策建议》（《中国出版》，2016）、黄冬虹的《基于全媒体时代的网络编辑规范化模式》（《新闻传播》，2016）、李霞的《网络编辑的职业道德与文化素养》（《数字传媒研究》，2016）。

综上所述，我国网络编辑相关研究成果主要针对网络编辑的生存状况、职业定位、职业道德、知识技能、专业素养、规范化运作、人才培养模式等方面进行深入研究，显示出当前学界、业界对网络编辑相关实践及人才队伍建设的普遍关注，也为本项目的研究提供了宝贵的前期成果。

第三节　研究思路、内容及方法

本书立足于全媒体时代传媒行业的人才需求变化，针对网络编辑的职责、能力与素养进行全面、系统剖析，并尝试探索网络编辑相关人才队伍建设的发展趋向及对策，以期为拓展网络编辑人员培养的方法途径，激发网络编辑的工作积极性与潜能提供参考。

一、研究思路与研究内容

本书围绕全媒体时代网络编辑的职责、能力与素养进行系统研究，主要内容包括以下四个方面。

1. 网络编辑的定位及发展趋向

以 2016 年国务院取消关于网络编辑员职业资格认定，并开始数字编辑专业技术资格认证为大背景，系统剖析随着近年来一系列新的互联网络法律法规出台，网络编辑的职责拓展、能力素养要求变化，并在此基础上提出网络编辑的未来走向及发展对策。

2. 网络编辑的职责

依据国家新闻出版广电总局、工业和信息化部联合颁布的《网络出版服务管理规定》，以及我国近年来出台的相关法律法规，针对新形势下网络编辑的角色定位及职责拓展进行深入分析。

3. 网络编辑面临的问题及其自身不足

当前，从世界范围看，网络安全威胁和风险日益突出，并向政治、经济、文化、社会、生态、国防等领域传导渗透。网络空间存在个别虚假、诈骗、攻击、谩骂、恐怖、色情、暴力信息，网站之间也不乏恶性竞争、欺瞒网民等一些违法违规行为。本书结合我国网络编辑发展实际，尝试总结部分网络编辑存在的个别违法、违规行为及其自身不足，分析其产生的原因及影响因素，并提出针对性建议。

4. 提升网络编辑能力、素养的对策

概括而言，提升网络编辑的能力与素养主要应从以下四方面着手：一是树立政治意识、大局意识、法律意识和"红线意识"，严格遵守法律法规；二是要以网络出版物为抓手，将社会效益放在首位，坚持正确导向，传播正能量；三是要强化使命意识和担当精神，贯彻以人民为中心的发展思想，努力建设网络良好生态；四是要秉持社会文化责任感和职业道德，保持职业敏感，建立健全包括价值取向、艺术水准、审美情趣、读者口碑等方面的综合评价指标体系，自觉提升专业能力与素养。

针对以上主要内容，本书将从全媒体时代网络编辑的生存与发展背景入手，深入分析网络编辑的角色定位、职责及要求，并针对网络编辑的现存问题与发展前景，尝试分析提升网络编辑提升能力与素养的方法、途径。

二、研究方法

本书针对媒介融合背景下网络编辑发展的现状、特点及策略进行研究，这不仅是网络出版理论研究的一部分，而且可以推动我国网络编辑实践领域持续、快速、健康发展，保障网络安全，提升网络服务质量，有利于我国的文化建设与繁荣，有着很强的现实意义。

笔者将借鉴传播学、出版学、文化学、社会学、心理学、历史学等学科的研究理论与方法，综合运用文献调研、个案分析、文本分析、抽样调查、统计分析等方法开展本项研究。本书以解决实际问题为导向，采取理论分析与实际调研相结合，历史发展过程与现实发展状况相结合，宏观分析与微观分析相结合，定量分析和定性分析相结合的方法开展综合性研究。在开展广泛、深入调研的基础上，对相关调研数据进行统计分析，尝试总结社会文化发展进程中网络编辑领域的运行机制及存在问题，探索近年来全媒体背景下网络编辑的特点、趋向与对策，力图总结出网络编辑队伍建设的特点和规律，促进网络出版持续发展繁荣。

本书借鉴多个学科的研究理论与方法，针对全媒体时代网络编辑进行系统研究，视角较为新颖，视野较为开阔，有较强的实践指导意义。新形势下，网络编辑要以人民为中心，积极加强网络内容建设，宣传社会主义核心价值观，弘扬正能量，传播中华民族优秀传统文化精神，培育积极健康、向上向善的网络文化，促使网络空间风清气正、生态良好。

本书研究的重点与难点：一是针对网络编辑的职责、能力与素养进行全面、深入研究，相关调研及数据统计难度较大。互联网是一个社会信息大平台，亿万网民通过网络获取、交流信息，其求知途径、思维方式、价值观念都受到网络的重要影响。新形势下，深入研究网络编辑的"把关人"角色，加强网络编辑队伍建设，对网络出版的内容、质量及未来发展趋向无疑具有决定性作用。二是在定量分析的基础上进行定性分析，开展网络编辑的发展趋势及发展对策的研究难度较大。2016年6月，国务院取消网络编辑员等47项职业资格许可和认定，同年北京市率先开展数字编辑专业技术资格认证，这是我国针对网络编辑职业所做的职业规范、标准的重要探索。目前，关于网络编辑的内涵、外延、职能等研究还有待进一步深化。

第一章
互联网发展推动全球网络安全协作

伴随着互联网的全球化深入发展，人们的生产、生活方式日益发生深刻变化。人们通过互联网不仅可以方便、快捷地使用即时通信、搜索引擎、知识服务、政务服务、公共服务，轻松完成网络阅读、娱乐、购物、理财等，还可以享受基于大数据、云计算、人工智能等技术支持的个性化定制服务。人类社会正在由信息社会迈向以人工智能为关键支撑的智能社会，基于人工智能基础理论与算法、类脑计算、生物计算、量子计算等方面的技术突破，带来了智能机器人、智能制造、智能监控、无人驾驶、自动问答、医疗诊断、智能家居、政务法务等方面的重大变革。❶

但是，毋庸讳言，互联网在带给人们诸多便利的同时，也带来了很多问题。近年来，国际互联网安全引发广泛关注，加上个别互联网企业片面追逐经济利益，导致诸如网络黑客、网络谣言、网络虚假信息、网络病毒、网络攻击、网络诈骗、网络色情、个人信息泄露等问题的出现，还有网络暴力、人肉搜索、深度伪造、流量造假、操纵账号等行为也在污染着网络生态。❷

我国非常重视互联网络的良性发展。2000年12月28日，第九届全国人民代表大会常务委员会第十九次会议通过了《全国人民代表大会常务委员会关于维护互联网安全的决定》。2011年5月，中华人民共和国国家互联网信息办公室成立。2012年12月，第十一届全国人民代表大会常务委员会第

---

❶ 高文.从信息社会迈向智能社会[N].人民日报，2020-02-18（20）.
❷ 刘泽溪，张鹏禹.拔出网络生态"杂草"——《网络信息内容生态治理规定》今年3月1日起施行[EB/OL].（2020-01-20）.http://www.cac.gov.cn/2020-01/20/c_1581058057316205.htm.

三十次会议通过《全国人民代表大会常务委员会关于加强网络信息保护的决定》。

20多年以来，我国相关法律法规体系逐渐建立健全。颁布了如《中华人民共和国网络安全法》《中华人民共和国电子商务法》《中华人民共和国未成年人保护法》《中华人民共和国妇女权益保护法》《中华人民共和国民法典》《中华人民共和国著作权法》（2020年修正），以及《网络出版服务管理规定》《互联网新闻信息服务管理规定》《互联网新闻信息服务许可管理实施细则》《互联网信息内容管理行政执法程序规定》《关于规范网络转载版权秩序的通知》《关于加强网络文学作品版权管理的通知》《关于推动网络文学健康发展的指导意见》《关于移动游戏出版服务管理的通知》等法律法规，不仅有利于保障广大网民通过互联网进行有效信息交流与传播，而且为网络编辑从业提供了基本遵循与系统规范。

2020年11月，中国发起"全球数据安全倡议"，呼吁建设和平、安全、开放、合作的网络空间。面对全球遭遇新冠疫情的严峻形势，互联网络不仅拓展了全球各国合作及理念博弈、话语权博弈的空间，而且在远程医疗、在线教育、国际抗疫合作等方面做出了积极贡献。互联网已经真正让世界变成了地球村，只有各国贯彻相互尊重、相互信任的原则，通过积极有效的国际合作，才能建立多边、民主、透明的国际互联网治理体系。❶

习近平曾指出："有些人企图让互联网成为当代中国最大的变量。"❷事实上，2020年由于互联网络的助力，我国不仅取得新冠疫情防控、在线教育、脱贫攻坚、复工复产等领域的阶段性胜利，而且国内生产总值首度突破100万亿元，成为全球唯一实现经济正增长的主要经济体。

当前，适应党和国家建设"两个一百年"的总体规划，以及构建人类网络空间命运共同体的宏伟目标，网络编辑人才队伍建设面临重大发展机遇。在疫情防控常态化的背景下，网络编辑不仅在维护政治稳定、传播知识信息、引导社会舆论和建设网络文化等方面扮演着重要角色，而且在构建全球网络空间命运共同体的过程中也将发挥重要作用。全媒体时代网络编辑应主动适应网络

---

❶ 中共中央党史和文献研究院. 习近平关于网络强国论述摘编[M]. 北京：中央文献出版社，2021：149-150.
❷ 同❶3。

出版物生产与传播的全球化发展趋向，坚持社会效益第一，自觉保障国家文化安全、提升国家文化软实力，传播中国特色社会主义文化。

第一节　互联网的起源与发展

互联网即因特网（Internet），也称国际网络，是计算机交互网络的简称。它是利用通信设备和线路将位于不同地域、功能相对独立的计算机系统互连起来的网络，用户通过使用网络软件（网络通信协议、网络操作系统等）共享网络资源、进行信息交换。

作为继报纸、广播和电视之后出现的第四大传媒形态，互联网及其所代表的网络媒体，数十年来不仅简化了人们的生产与生活方式，而且创新了信息系统的运行模式，影响人类的观念与思维方式变革，促进人类社会的全球化、国际化、新媒体化、代际化发展。风云变化的国际形势，也往往受到网络安全问题的影响。在世界各国共同构建人类命运共同体的进程中，网络空间命运共同体的构建是重要一环。

互联网的发端可以追溯到20世纪60年代。在美苏争霸的特定历史背景下，1969年，美国国防部高级研究计划署（Defence Advanced Research Projects Agency，DARPA）的前身ARPA在加利福尼亚大学洛杉矶分校建立阿帕网（ARPANET）。按照协定这一网络将加利福尼亚大学洛杉矶分校（University of California, Los Angeles）与斯坦福大学研究学院（Stanford Research Institute）、加利福尼亚大学（University of California）和犹他州大学（University of Utah）的四台主要计算机相连。随后，越来越多的美国科研机构纷纷加入阿帕网，迅速推动互联网的规模及功能拓展。例如，基于贝尔实验室于1978年提出的UUCP（UNIX和UNIX拷贝协议），新闻组网络系统得以发展起来，网络用户可以通过新闻组进行信息浏览、发布和交流。同样，一种连接世界教育单位的计算机网络（BITNET）也成功相连到世界教育组织的IBM的大型机上。

最初，阿帕网的建立主要是基于军事需要，出发点是使网络能够经受战争冲击，即当局部网络因遭受攻击而不能正常运转时，网络的其他局部应能维持正常的通信工作。但是，由于这一网络作为互联网的早期主干网较好地处理了异种机网络互联的一系列理论和技术问题，特别是对于 TCP/IP 协议簇的开发和应用，一定程度上奠定了互联网发展的基础。随着阿帕网对于电子邮件（E-mail）等新功能的开发，以及基于这一功能拓展的新闻组的出现，大量私人电脑连入互联网，网络系统得以发展起来。20 世纪 80 年代，网络用户不仅可以通过新闻组进行信息浏览、发布和交流，而且享受在网上进行实时动态聊天。由于越来越多的用户将互联网当作通信和交流的工具，一些公司也纷纷开始在网上开展商业活动。1983 年，美国国防部将阿帕网划分为军事网络和民用网络。

值得注意的是，由美国国家科学基金会（National Science Foundation，ASF）资助建设的 NSFNET 在互联网发展史上具有重要意义。NSFNET 按地域划分计算机广域网，并将全美的地域网络和超级计算机中心互联。1990 年 6 月，NSFNET 取代 ARPANET 成为 Internet 的主干网。在互联网的应用普及过程中，万维网（World Wide Web，WWW）协议的产生是又一重大事件。1989 年，欧洲粒子物理研究所（European Organization for Nuclear Research）提出了一项对互联网信息进行分类的协议。基于这一协议，万维网很快成为虚拟网络传播的主要模式，使互联网对整个社会开放。用户与互联网之间的信息交流，基本上都是通过 WWW 开展的。

综上所述，互联网最初由美国国防部投资建造，主要是为研究部门和学校服务的。从 20 世纪 80 年代后期开始，互联网的商业用途日益受到重视。局域网和广域网的推广普及，改变了此前互联网主要为计算机研究人员和政府机构服务的局面，驱动着互联网走向兴盛。

20 世纪 90 年代中期以来，互联网的公共信息服务飞速发展，逐渐由主要服务于军事和科技领域转型为商业化网络。例如，作为以互联网为基础的商业公司，微软在 1992 年就已经完全进入浏览器、服务器和互联网服务提供商（ISP）市场。1998 年 6 月，微软发布浏览器和 Win 98 的集成桌面电脑。截至目前，全世界数亿台电脑仍在使用微软研发的各个版本操作系统。

概括而言，互联网的发展主要经历了 Web 1.0 时代、Web 2.0 时代和 Web 3.0 时代三大阶段。

Web 1.0 时代。在这一阶段，互联网主要满足机构用户的信息连接需求。通过大型门户网站和搜索引擎，机构用户可以及时、简便、高效地获取信息。

Web 2.0 时代。这一阶段从 2004 年兴起 Web 2.0 概念开始。❶ 借助新型社会软件应用，Web 2.0 时代实现了网络传播由机构用户向个人用户的转型：Web 2.0 一方面可以满足用户个性化信息订阅、接受与表达的需求；另一方面依据用户特征进行分众化重新圈层，构建融合内容网络与关系网络的新一代互联网模式。❷

Web 3.0 时代。正如迈克尔·塞勒在《移动浪潮：移动智能如何改变世界》中指出的："如果像马歇尔·麦克卢汉所说的，古登堡和他的印刷术创造了一个银河系的信息量，那么互联网则创造了整个宇宙的信息量。"随着软件应用的深入发展，全世界网络信息总量急速增加，不可避免地出现了网络信息监管、网民信用、网络服务质量等方面的诸多问题。人们开始呼唤 Web 3.0 时代的来临。

依据百度百科，"Web 3.0 只是由业内人员制造出来的概念词语，最常见的解释是，网站内的信息可以直接和其他网站相关信息进行交互，能通过第三方信息平台同时对多家网站的信息进行整合使用；用户在互联网上拥有自己的数据，并能在不同网站上使用；完全基于 web，用浏览器即可实现复杂系统程序才能实现的系统功能；用户数据审计后，同步于网络数据""web 3.0 是在 web 2.0 的基础上发展起来的能够更好地体现网民的劳动价值，并且能够实现价值均衡分配的一种互联网方式"。以电子商务领域和在线游戏为代表，"web 3.0 更多的不仅仅是一种技术上的革新。而是以统一的通信协议，通过更加简洁的方式为用户提供更为个性化的互联网信息资讯定制的一种技术整合。将会是互联网发展中由技术创新走向用户理念创新的关键一步"❸。

事实上，关于什么是 Web 3.0 及 Web 3.0 时代，人们的看法并不一致。早

---

❶ 喻国明 . 关注 Web 2.0：新传播时代的实践图景 [J]. 新闻与写作 . 2007（1）：15-16.
❷ 腾讯科技、企鹅智库、中国人民大学新闻学院新媒体研究所联合发布 . 移动媒体趋势报告：中国网络传媒的未来 [EB/OL].（2014-11-12）.https://tech.qq.com/a/20141112/048252.htm#p=1.
❸ "web 3.0" 词条 [EB/OL].（2021-01-18）. https://baike.baidu.com/item/web3.0/4873257?fr=aladdin.

在 2006 年，倪楠在《Web 3.0 时代来临？》一文中提出："所谓的 Web 3.0，将是一个全新的人机对话时代，借助开放的 API，让 Web 成为一个操作系统。RSS，就是力图让我们自己操纵互联网，这个庞大的信息集合体。Web 3.0 是以主动性（Initiative）、数字最大化（Max-Digitalizative）、多维化（multi-dimension）等为特征的，以服务为内容的第三代互联网系统。"[1] 2007 年，陈德诚将 WEB 3.0 概念界定为"整合 IMS 与 WEB 2.0 业务服务平台"[2]。

万维网之父蒂姆·博纳斯-李领导的麻省理工学院万维网联盟早在 1998 年就开始提出第二代互联网的定义和构建方法。蒂姆·博纳斯-李指出，第二代互联网本质上是"语义网"（Semantic Web）、"数据网"（Web of Data），"从某种程度上来说，就像一个全球性的数据库"。"语义"即"元数据"，指的是按照一定的标准为互联网信息贴上标准化标签，从而赋予其计算机能理解的特定意义。2009 年 2 月，他在 TED 大会上发表演讲，明确提出："原始数据，现在就要！"[3]

2009 年，周珍妮、陈碧荣的《Web 3.0——全新的互联网时代》和邹莹的《Web 3.0——互联网新时代》两篇文章都在分析关于 Web 3.0 概念的代表性观点基础上指出，"Web 3.0 的精髓在于在个人和机构之间建立一种互为中心且可以转化的机制"，"Web 3.0 最大的特点在于信息的聚合以及提供个性化的信息服务，真正的 Web 3.0 时代不仅仅是按照用户需求提供综合化服务，创建综合化服务平台。更关键的是，提供基于用户偏好的个性化聚合服务"[4]，"Web 3.0 在 Web 2.0 的基础上实现了更加'智能化的人与人和人与机器的交流功能'的互联网模式"[5]。2010 年，李湘媛在《Web 3.0 时代互联网发展研究》中认为，"其实无论如何定义，Web 3.0 都具备一个本质属性，或者可以说是根本的目标：互联网服务"[6]。

---

[1] 倪楠. Web 3.0 时代来临？[J]. 互联网天地，2006（1）：7.
[2] 陈德诚. WEB 3.0 概念——整合 IMS 与 WEB 2.0 业务服务平台 [J]. 电子与电脑，2007（7）：87-89.
[3] 徐子沛. 大数据 [M]. 广西师范大学出版社. 2013.
[4] 周珍妮，陈碧荣. Web 3.0——全新的互联网时代 [J]. 图书情报论坛，2009（1）：53-55.
[5] 邹莹. Web 3.0——互联网新时代 [J]. 电脑与电信，2009（12）：7-9.
[6] 李湘媛. Web 3.0 时代互联网发展研究 [J]. 中国传媒大学学报（自然科学版），2010（4）：54-56.

第二节　中国加入互联网的发展历程

中国计算机个人用户连入互联网的最早尝试，发生在 1986 年。1986 年 8 月 25 日北京时间 11 点 11 分 24 秒（瑞士日内瓦时间 4 点 11 分 24 秒），中国科学院高能物理研究所的吴为民于北京 710 所通过卫星链接向位于日内瓦的斯坦伯格（Steinberger）发出一封电子邮件。他是通过一台 IBM-PC 机经卫星链接远程登录到日内瓦 CERN 一台机器 VXCRNA 王淑琴的账户上进行操作的。一年后，北京计算机应用技术研究所（ICA）的王运丰教授和李澄炯博士等人在德国卡尔斯鲁厄大学（Karlsruhe University）维纳·措恩教授牵头的科研小组帮助下，成功建成一个电子邮件节点，并于 1987 年 9 月 20 日向德国发出一封内容为 "Across the Great Wall we can reach every corner in the world（越过长城，走向世界）" 的电子邮件。

1988 年年初，中国第一个 X.25 分组交换网 CNPAC 建成。同年 3 月，旨在将我国各大学及研究机构连入互联网的中国计算机科技网（CANET）项目启动。1989 年 11 月，国家计划委员会利用世界银行贷款支持的重点学科项目中关村地区教育与科研示范网络（National Computing and Networking Facility of China，NCFC）正式启动。但是直到 1992 年 6 月，中国科学院钱华林研究员在日本神户举行的 INET'92 年会上，才第一次正式与美国国家科学基金会国际联网部负责人讨论中国连入互联网的问题。

一年后，NCFC 专家们 1993 年 6 月在 INET'93 会议上利用各种机会重申了中国连入互联网的要求，会后钱华林研究员参加了 CCIRN（Coordinating Committee for Intercontinental Research Networking）会议，其中一项议程专门讨论中国连入互联网的问题。[1] 1994 年 4 月初，中国科学院副院长胡启恒参加中美科技合作联委会时再次向美国国家科学基金会（NSF）重申连入互联网的要求，并得到认可。1994 年 4 月 20 日，NCFC 工程通过美国 Sprint 公司连入互联网的 64K 国际专线开通，中国正式开启与互联网的全功能连接，标志

---

[1] 中华人民共和国国家互联网信息办公室.1986 年～1993 年互联网大事记 [EB/OL]. (2009-04-10). http://www.cac.gov.cn/2009-04/10/c_126500533.htm.

着我国最早的国际互联网络诞生。历经近十年，中国于1994年终于成为真正拥有全功能互联网的国家。此事被国家统计公报列为中国1994年重大科技成就之一，相关新闻也获评1994年中国十大科技新闻之一。

毋庸讳言，中国加入国际互联网的步伐明显较为缓慢，道路也较为坎坷。但是，虽然中国互联网发展历史较短，但其发展速度和规模却很迅猛，尤其是21世纪以来，逐渐处于世界互联网应用大国地位。

概括而言，互联网在中国的发展历程经历了以下三个阶段：

第一阶段是探索发展期（1986—1994年）。中国一些科研部门和高等院校研究试验互联网联网技术，并与国外相关机构开展科研课题与科技合作。

第二个阶段是基础建设期（1995—2004年）。1995年，中国公共计算机互联网（ChinaNet）与互联网相互连接，覆盖30个省（自治区、直辖市）的200多个城市。1996年年底，中国公共分组交换数据通信网（ChinaPAC）与全球23个国家和地区的44个数据网络相连，和中国公共数字数据网（ChinaDDN）一起覆盖了县级以上的城镇。1998年7月，中国公共计算机互联网（ChinaNet）骨干网第二阶段开始，致力于将八个大区域的骨干带宽扩展到155M，并将八个大区域的所有节点路由器替换为千兆路由器。这一阶段我国涌现出一批包括百度、阿里、腾讯等在内的世界级互联网企业。2000年，中国三大门户网站搜狐、新浪、网易在美国纳斯达克挂牌上市。截至2000年年底，ChinaNet在国内总带宽已达到800Gbps，到2001年3月国际出口总带宽突破了3Gbps。2001年百度的兴起加快了中文搜索引擎的发展。2002年，国家自然科学基金委员会支持建成"中国高速互联研究实验网络"（NSFCnet）并与美国第二代因特网连通。2002年第二季度，搜狐率先宣布盈利。随着2003年和2004年淘宝网、支付宝平台相继建成，电商模式这一全新的商业模式迅速发展。2004年3月19日，中国第一个全国性下一代互联网，也是世界上最大的纯IvP6试验网CERNETZ开通。作为中国下一代互联网示范工程（CNGI）中的核心网之一，这一事件引发全球各大媒体广泛关注，标志着中国的下一代互联网建设拉开了序幕。❶

---

❶ 崔征，周娜．中国第二代互联网——CERNET2[J]．河北公安警察职业学院学报，2005（2）：64-67．

第三个阶段是高速增长期（2005—2014 年）。2005 年中国互联网产业在国际资本融资领域表现不俗。借势全球互联网、IT 企业并购风潮，阿里巴巴成功收购雅虎中国、盛大收购新浪部分股份。中国互联网界收购外资互联网企业的现象引发广泛关注。全球的风险投资纷纷投向垂直搜索、窄告、Web 2.0、博客等互联网领域。2005 年 3 月，摩根士丹利董事总经理兼全球科技研究主管玛丽·米克（Mary Meeker）发布的关于中国互联网的报告显示，在全世界互联网流量最高的 25 个公司中，中国公司有 8 个。这一年，美国国际数据集团（International Data Group，IDG）投资了中国 25 个互联网流量最高的公司中的 22 个；集富亚洲面向中国基金融得 15 亿美元；软银亚洲投资基金募集了 6.4 亿美元的第二期基金，主要投资于中国市场。博客中国、猫扑、3G 门户、POCO、天涯等网络公司都获得大额投资。

面对中国互联网的强势发展，孙伶明确指出："2005 年，中国互联网虽然刚刚开始从 Web 1.0 到 Web 2.0 的过渡，但是 Web 2.0 新技术和新应用对整个互联网界的影响力已经显露无遗。"❶ 田野在《第二代互联网：网民狂欢或商业盛宴》中感慨："一切都在快车道上飞速奔驰着。"❷

随着 Web 2.0 时代来临，中国互联网企业纷纷试水整合博客、MSN、RSS（简易聚合）、Web 服务、开放式 API（应用程序接口）、SN（社会网络）、Tags（标签分类分众）、Book Mark（社会性书签）等工具元素，深入开展创新应用和变革。2007 年，互联网电商服务业被国家确定为重要新兴产业。2008 年，中国的网民规模首次超过美国。2009 年开始，以人人网、开心网、QQ 等 SNS 平台为代表，SNS 社交网站蓬勃发展，标志着互联网社交时代来临。2010 年，团购模式受到网民青睐。2011 年由于微博的井喷式发展，被称为"微博发展元年"。伴随着 3G/4G 技术的发展，PC 互联网成功向移动互联网转型。

依据第 35 次《中国互联网络发展状况统计报告》，相关统计数据显示：从 2005 年开始，10 年间中国网民规模和互联网普及率一直持续快速增长。其中，中国网民规模由 2005 年的 1.11 亿人，增至 2014 年的近 6.49 亿人，网民数量增长超过 5 亿。从互联网普及率来看，2005 年为 8.5%，2014 年则增至

---

❶ 孙伶.2005 第二代互联网 [J]. 互联网周刊，2008（10）：108-109.
❷ 田野. 第二代互联网：网民狂欢或商业盛宴 [J]. 中国计算机用户，2005（32）：16-20.

47.9%，增长较快的是 2006 年至 2010 年的 5 年间，年增长率保持在 6% 左右。

第四个阶段是发展成熟期（2015 年至今）。根据 CNNIC 发布的第 37 次《中国互联网络发展状况统计报告》的相关统计数据，截至 2015 年 12 月，中国网民规模达 6.88 亿，互联网普及率为 50.3%，手机网民规模达 6.20 亿，使用手机上网人数占网民总数的比例达 90.1%。此后，中国网民数量及使用手机上网人群占比持续增长。

2015 年，国务院实施"互联网＋"行动，积极推进互联网应用发展。2016 年，互联网直播风行一时，短视频勃兴。近年来，我国的人工智能发展引发全世界广泛关注。依据国家的《新一代人工智能发展规划》，我国的人工智能发展将在 2030 年赶超世界先进水平。

根据相关统计数据，2018 年全球互联网用户首次超过全球人口总量的一半，达 38.9 亿。在全球前十大互联网公司名单中，中美两国共占 9 家，形成全球互联网"G2"版图格局。在互联网基础设施领域，包括电信基础、设施基础、资源基础等方面，中美均呈现出竞争或持平态势。从互联网应用领域，以及全球 TOP 50 互联网上市企业表现来看，中美各有千秋，均领先全球。根据市值排名，在全球排名前 30 位的互联网公司中我国公司占据了 9 席，其中阿里巴巴与腾讯位居前十强。❶

2021 年 2 月，CNNIC 发布第 47 次《中国互联网络发展状况统计报告》，相关统计数据引起广泛关注：截至 2020 年 12 月，我国互联网普及率超过 70%，网民数量已逼近 10 亿，其中未使用手机的网民占网民总数的比例只有 0.3%。

截至 2020 年年底，我国互联网上市企业共 147 家，在境内外的总市值达 16.80 万亿元，较上 2019 年度增长 51.2%，增速引人注目。其中，排名前十的互联网企业市值占比超过 85%，网易、京东等企业在香港二次上市。网信独角兽企业总数为 207 家，北京、上海、广东、浙江、江苏五省（市）的企业数量占比达 94.2%。

在 2020 年春突发新冠疫情的严峻形势下，我国政府利用全国一体化政务

---

❶ 任泽平，连一席，谢嘉琪 .2019 全球互联网发展报告出炉！中美占据 Top 10 公司中 9 席 [EB/OL]．（2019-10-24）. https://www.sohu.com/a/349137553_114984.

服务平台有效统筹各地疫情防控工作进展及物资调配，并成功为全国超过 9 亿网民发放了"健康码"，全国绝大部分地区通过互联网实现了"一码通行"，为阶段性复工复产提供了有力保障。通过疫情的淬炼，我国政府的在线服务指数跃至全球第 9 位，上升了 25 位。

在疫情防控新常态背景下，我国的量子科技、区块链、人工智能等前沿技术取得重要突破，在线教育、在线医疗、网络直播、网络视频、电子商务、移动支付、数字金融等领域蓬勃发展，引起国际广泛关注。截至 2020 年 11 月，网络通信的"最后一公里"——贫困地区的互联网覆盖率达到 98%，城乡地区互联网普及率差异进一步缩小，这将有力推动构建国内国际双循环相互促进的新发展格局。

根据国家统计局 2021 年 2 月 28 日发布的《中华人民共和国 2020 年国民经济和社会发展统计公报》，我国 2020 年固定互联网宽带接入用户 48355 万户，比 2019 年年底增加 3427 万户。全年移动互联网用户接入流量 1656 亿 GB，比 2019 年增长 35.7%。全年软件和信息技术服务业完成软件业务收入 81616 亿元，比 2019 年增长 13.3%。

第三节　网络安全问题引发国际广泛关注

互联网因其通用性、交互性、开放性和共享性，自产生以来给人们的生产、生活各方面带来深刻变化。20 世纪 90 年代以来，全球互联网的商业化发展取得丰硕成果。根据联合国《数字经济报告》统计：截至 2019 年，全球网民总数已经超过 35 亿，全球数据流量达到 46600 GB/ 秒，数字经济总量达到 11.5 万亿美元。[1]互联网迅速渗透到各个国家的政治、经济、文化领域，推动全球信息化合作进程。但与此同时，网络安全问题也层出不穷，"信息安全开始向网络安全聚焦"[2]。

---

[1] 一张图解析《世界互联网 50 周年 中国互联网 25 周年发展历程》[EB/OL]．(2019-10-19)．http://it.people.com.cn/n1/2019/1019/c1009-31408959.html．

[2] 惠志斌，唐涛．中国网络空间安全发展报告（2015）[M]．北京：社会科学文献出版社，2015：4．

21世纪，全球网络信息化发展使得"网络空间成为继陆、海、空、太空之外人类赖以生存的'第五空间'"，网络空间安全议题上升到国家战略层面，受到各国高度重视。❶ 2014年，棱镜门事件敲响了全球网络安全的警钟，强化网络空间安全保护成为世界各国的共识。近年来，随着网络用户和网络信息量的持续增长，特别是移动互联网的快速发展，网络攻击的规模、严重性及涉及领域不断增大，互联网安全研究日益受到重视。基于互联网的高风险，全球网络安全协作逐步深化。

2010年，为了防范网络攻击，美国专门成立了网络司令部，组建网军。美国联邦调查局的网络安全局负责互联网监控和执法，国防部、国土安全部、司法部等部门和相关机构协同维护网络安全。在美国，国家级网络安全中心就有6所。根据五角大楼实施的"网络安全军团"项目，美国大幅增加网络安全技术人员，并通过颁发奖学金的方式激励计算机人才加入。

英国加强网络安全监管的举措主要包括：2009年颁布首个国家网络安全战略，并成立网络安全办公室和网络安全运行中心；2011年，将国家网络安全战略拓展为构建安全网络空间；截至目前，由情报局、国防部、内政部等多个政府部门协同，基本建成以"政府通信总局"为中心的监测网络。

法国也于2009年成立了国家信息系统安全办公室，设立24小时网络防卫中心负责侦查信息攻击来源，加强网络安全警戒。为了保证国内信息交流，法国还建立了安全电话网络。政府已拨款10亿欧元建设网络防御部队，以保障法军信息安全，并建设网络防御人员培训中心，拓展民间网络防御预备役组织。

德国于2011年发布"德国网络安全战略"，设立网络安全理事会和国家网络防御中心，主要负责应对网络攻击，以及统筹协调政府各部门之间的网络安全合作。目前，德国联邦情报局负责全面监视德国跨境数据交流，联邦宪法保卫局也大力扩建反间谍机构。

印度在官方通信中禁用美国的电子邮件服务，要求官员使用印度本国国家信息中心提供的邮件地址和服务。瑞士政府也规定必须使用内部固定电话网。

---

❶ 惠志斌，唐涛. 中国网络空间安全发展报告（2015）[M]. 北京：社会科学文献出版社，2015：8.

在提高国家网络安全保护方面，俄罗斯所做的诸多努力也有一定的代表性。20 世纪 90 年代，俄罗斯连续颁布《俄罗斯联邦通信法》《俄罗斯联邦关于信息、信息技术和信息保护法》《俄罗斯联邦邮政通信法》等法律，保障国家通信安全；2013 年普京签署总统令，宣布由俄联邦安全局负责建立国家计算机信息安全机制；2014 年颁布《知名博主新规则法》《Wi-Fi 实名制法》等；2016 年 12 月，普京总统批准新版《俄罗斯联邦信息安全学说》，以强化防御国外网络攻击能力；2017 年出台《关键数据基础设施法》《VPN 法》《即时通讯服务法》等；2019 年 11 月开始施行《〈俄罗斯联邦通信法〉及〈俄罗斯联邦关于信息、信息技术和信息保护法〉修正案》（即《稳定俄网法案》，也称《主权互联网法》）；2019 年 12 月成功进行互联网断网测试。

为了应对美英监听丑闻，一些国家试图通过合作共同维护信息安全。德国总理默克尔曾倡议在欧洲建立一个通信网络。第七届欧盟—巴西峰会也通过决议，决定斥资 1.34 亿欧元在巴西同欧洲之间铺设海底光缆。❶

中国非常重视网络安全建设。依据第 44 次、第 45 次《中国互联网络发展状况统计报告》的相关统计数据，2019 年中国先后引入 F、I、L、J、K 根镜像服务器，在降低了国际链路故障影响的同时，大幅提升域名系统抗攻击的能力和域名根服务器的访问效率。中国政府强化互联网络基础资源建设的成果也逐渐显现：".CN"域名在国家域名总数中占比达 44.0%；".CN"下网站数量在网站总数中占比达 68.6%。IPv4 地址数量较为稳定且有小幅增长。

相比较而言，IPv6 地址数量增幅较大。2019 年 6 月 IPv6 地址突破 5 万块 /32，达到 50286 块 /32，较 2018 年年底增长 14.3%；2019 年 12 月又增长 15.7%，达到 50877 块 /32。

2019 年 6 月，首届中国互联网基础资源大会以"筑牢根基、砥砺前行、共绘未来"为主题，聚焦互联网基础资源行业的良性发展，发布了"基于共治链的共治根新型域名解析系统架构"和"2019 中国基础资源大会全联网标识与解析共识"等创新成果，引发国际广泛关注。2019 年 7 月，中国国家顶级域名注册管理和运行机构组织开展 IP 地址分配联盟 IPv6 技术交流活动；世界

---

❶ 冯玲玲，张云林. 世界各国掀起网络安全保卫战 [N]. 解放军报，2014-10-17.

知识产权组织仲裁与调解中心（WIPO AMC）成为第三家中国国家顶级域名争议解决机构。2019年8月，互联网名称与数字地址分配机构（ICANN）宣布中国互联网络信息中心等机构成为新一轮新通用顶级域名应急托管机构。

依据第46次、第47次《中国互联网络发展状况统计报告》相关统计数据，截至2020年6月和12月，我国IPv6地址数量分别为50903块/32和57634块/32，全年较2019年年底增长13.3%。我国的域名总数截至2020年年底已经达到4198万个，其中".CN"域名1897万个。我国已建成全球最大的5G网络，自2019年开始商用以来成效显著。

经多方努力，中国的互联网络安全状况近年来有所好转。相关统计数据显示：截至2020年3月，中国网民在上网过程中未遭遇过网络安全问题的比例突破50%；截至2020年12月，相关比例升至61.7%。为了更好地施行网络强国战略，中国还需进一步加强国际网络安全合作，共同应对网络信息安全系统漏洞与网站建设等问题。❶

第四节　中国倡导构建网络空间命运共同体

中国自加入国际互联网以来，一直致力于加强互联网基础设施建设，强化网络空间安全保障。2013年，习近平在《走出一条和衷共济、合作共赢的新路子》中就提出："在网络问题上，联合国要发挥主渠道作用，讲规则、讲主权、讲透明，尊重各国在信息安全上的关切，实现共同治理。"❷

伴随着国际互联网的发展，世界各国的联系与沟通日益深化。尤其是新世纪以来，互联网信息技术变革不仅深刻影响着各国的社会化生产与经济运作模式创新，而且促使网络成为与现实世界并存的虚拟社会，极大地拓展了人类生存与发展的空间。网络被视为继陆、海、空、天之后的"第五空间"，对各

---

❶ 中国互联网络信息中心（CNNIC）.第47次中国互联网络发展状况统计报告[EB/OL].（2021-02-03）. http://www.cac.gov.cn/2021-02/03/c_1613923423079314.htm.

❷ 习近平.习近平谈治国理政（第一卷）[M].北京：外文出版社，2014.

国的政治、经济、文化发展影响日益凸显。与此同时，国际互联网在发挥积极影响的同时，也在一定程度上带来了网络治理的新问题，网络空间安全引发各国政府广泛关切。由于国际互联网发展的不平衡，部分国家和地区间出现了"数字鸿沟"并呈不断拉大趋势。一些国家为了自身利益滥用信息通信技术干涉别国内政，加上部分别有用心的力量借助互联网从事越境、跨国不法行为，网络犯罪和恐怖主义严重干扰人们正常的生产生活秩序，威胁世界和平与发展。

在这种形势下，任何国家在网络空间想要独善其身都是不可能的，强化网络安全国际合作无疑是大势所趋。只有世界各国立足人类共同利益，摒弃前嫌、携手合作，才能有效应对分布式拒绝服务、高级持续威胁等新型网络攻击，修复全球性高危漏洞，保障重要信息基础设施及系统安全，逐步解决网络黑客、网络诈骗、网络恐怖主义、网络谣言等问题。2013年10月，ICANN、IETF、W3C等共同签署了"蒙得维得亚"声明，标志着国际互联网治理主要机构在互联网治理的发展方向上初步达成一致。

2014年，全球多国采取多种形式，密集探索开展共同应对网络犯罪和网络恐怖主义合作，主要包括：4月，巴西互联网大会发表《网络世界多利益攸关方声明》；5月，日美进行了第二次网络安全综合对话，中日韩签署《关于加强网络安全领域合作的谅解备忘录》，欧盟公布2015年至2020年强化打击网络恐怖犯罪的计划，俄罗斯与中国签署《国际信息安全保障领域政府间合作协议》；6月，全球互联网治理联盟在巴西召开全球理事会；7月，中德互联网产业圆桌会议召开；8月，联合国信息安全问题政府专家组向联合国秘书长提交报告，各国首次统一约束自身在网络空间中的活动；9月，中美就共同打击网络犯罪等执法安全领域的突出问题达成重要共识，第八届"中美互联网论坛"在西雅图召开；10月，上海合作组织成员国主管机关成功举行"厦门2015"网络反恐演习，第六届中英互联网圆桌会议在伦敦开幕，第六届香山论坛以"网络空间行为准则"作为重要议题之一；11月，首届世界互联网大会召开，习近平在贺词中倡议各国"共同构建和平、安全、开放、合作的网络空间，建立多边、民主、透明的国际互联网治理体系"；12月，国务委员郭声琨与美国司法部部长林奇、国土安全部部长约翰逊共同主持首次中美打击网络犯

罪及相关事项高级别联合对话。❶

继 2015 年 7 月倡议金砖国家加强在信息安全和互联网管理方面合作之后，习近平于 2015 年 12 月在第二届世界互联网大会开幕式上呼吁世界各国拓展互联网领域合作，共同构建网络空间命运共同体。他强调指出："网络空间是人类共同的活动空间，网络空间前途命运应由世界各国共同掌握。各国应该加强沟通、扩大共识、深化合作，共同构建网络空间命运共同体。"❷世界各国应充分认识"网络空间同现实社会一样，既要提倡自由，也要保持秩序"，"网络空间是虚拟的，但运用网络空间的主体是现实的，大家都应该遵守法律，明确各方权利义务"。概括而言，世界各国应在以下五个方面加强合作：第一，加快全球网络基础设施建设，促进互联互通。第二，打造网上文化交流共享平台，促进交流互鉴。第三，推动网络经济创新发展，促进共同繁荣。第四，保障网络安全，促进有序发展。第五，构建互联网治理体系，促进公平正义。❸

2017 年，中国发布《网络空间合作战略》。这一战略适应全球信息化发展新趋势，立足建立国际网络空间新秩序和新型国际关系，全面宣示了中国在网络空间相关国际问题上的政策立场，是中国关于构建人类命运共同体的先进理念在网络空间领域的鲜明体现。

尤其值得注意的是，《网络空间合作战略》以和平发展为主题，以合作共赢为核心，坚持"和平、主权、共治、普惠"四大原则，明确提出各国应秉持相互尊重、互谅互让原则，加强对话与合作，通过倡导和促进网络空间和平与稳定，推动构建以规则为基础的网络空间秩序，不断拓展网络空间伙伴关系，积极推进全球互联网治理体系改革，深化打击网络恐怖主义和网络犯罪国际合作，倡导对隐私权等公民权益的保护，推动数字经济发展和数字红利普惠共享，加强全球信息基础设施建设和保护，促进网络文化交流互鉴九项行动计划强化网络空间全球治理，致力于实现维护主权与安全、构建国际规则体系、促进互联网公平治理、保护公民合法权益、促进数字经济合作、打造网上文化交流平台六大战略目标。这有利于将互联网真正建成各国"信息传播的新渠道、

❶ 杨国辉. 网络安全国际合作已成大趋势 [EB/OL].（2015-12-17）. http://theory.people.com.cn/n1/2015/1217/c401419-27939758.html.
❷ 中共中央党史和文献研究院. 习近平关于网络强国论述摘编 [M]. 北京：中央文献出版社，2021：150.
❸ 习近平. 论党的宣传思想工作 [M]. 北京：中央文献出版社，2020：170-175.

生产生活的新空间、经济发展的新引擎、文化繁荣的新载体、社会治理的新平台、交流合作的新纽带、国家主权的新疆域"❶。

2017年12月3日，习近平致信祝贺第四届世界互联网大会开幕，他在贺信中写道："中国数字经济发展将进入快车道。中国希望通过自己的努力，推动世界各国共同搭乘互联网和数字经济发展的快车。中国对外开放的大门不会关闭，只会越开越大。"❷可见，在新的历史起点上，中国立足于实现"两个一百年"奋斗目标和中华民族伟大复兴中国梦，始终不忘坚持对外开放、与世界各国合作共赢，自觉定位为国际网络空间的建设者、维护者和贡献者，致力于全球互联网安全和发展。

2018年11月7日，习近平为第五届世界互联网大会开幕致信祝贺，进一步指出："为世界经济发展增添新动能，迫切需要我们加快数字经济发展，推动全球互联网治理体系向着更加公正合理的方向迈进。"❸世界各国虽然国情不同、互联网发展阶段不同、面临的现实挑战不同，但推动数字经济发展的愿望相同、应对网络安全挑战的利益相同、加强网络空间治理的需求相同。各国应该深化务实合作，以共进为动力、以共赢为目标，走出一条互信共治之路，让网络空间命运共同体更具生机活力。

近年来，中国积极应对世界多极化、经济全球化与文化多样化发展，推进移动互联网、云计算、大数据、物联网、5G等新技术应用，努力深化与各国及相关国际组织的合作，倡议建设网络空间命运共同体，引发各国关注与回应。

2019年10月20日，习近平在祝贺第六届世界互联网大会开幕的贺信中说："发展好、运用好、治理好互联网，让互联网更好造福人类，是国际社会的共同责任。……各国应顺应时代潮流，勇担发展责任，共迎风险挑战，共同推进网络空间全球治理，努力推动构建网络空间命运共同体。"❹

---

❶ 中华人民共和国国家互联网信息办公室.网络空间国际合作战略[EB/OL].（2017-03-01）.http://www.cac.gov.cn/2017-03/01/c_1120552617.htm.

❷ 魏董华.推动世界各国共同搭乘互联网和数字经济发展的快车[EB/OL].（2017-12-04）.https://2017.wicwuzhen.cn/web17/news/jzfu/mtbd/201712/t20171204_5926598.shtml.

❸ 新华网.习近平向第五届世界互联网大会致贺信[EB/OL].（2018-11-07）.https://2018.wicwuzhen.cn/web18/news/mtbd/201811/t20181107_8683498.shtml.

❹ 中共中央党史和文献研究院.习近平关于网络强国论述摘编[M].北京：中央文献出版社，2021：168.

2020年6月，由网络空间国际治理研究基地（北京邮电大学）、中国网络空间安全协会网络治理与国际合作工作委员会、北京邮电大学互联网治理与法律研究中心等联合主办的"第六届互联网治理与法律论坛暨第二届网络空间国际治理研讨会"在线上成功举办。此次会议的主题为"新冠肺炎疫情下网络空间国际治理新动向"[1]。

2020年11月10日，习近平在《弘扬"上海精神"，深化团结协作，构建更加紧密的命运共同体》中指出："中方发起'全球数据安全倡议'，旨在共同构建和平、安全、开放、合作、有序的网络空间，欢迎各方参与。"2020年11月21日，他在《人民日报》发表的《勠力战疫，共创未来》中，进一步提出中方支持联合国发挥领导作用，愿以《全球数据安全倡议》为基础，同各国探讨并制定全球数字治理规则，推动落实二十国集团人工智能原则，引领全球人工智能健康发展，探索制定法定数字货币标准和原则。[2]

当前，在全球新冠疫情防控的新形势下，习近平的上述主张展示了中国的大国担当精神，有利于建立健全全球互联网基础资源管理体系，也在一定程度上引领着世界未来人工智能和数字货币发展的方向。

---

[1] "中国网络空间安全协会"微信公众号. 中国网络空间安全协会网络治理与国际合作工作委员会联合主办"新冠疫情下网络空间国际治理新动向"主题研讨会[EB/OL].（2020-06-12）. http://www.cac.gov.cn/2020-06/12/c_1593513298853143.htm.

[2] 中共中央党史和文献研究院. 习近平关于网络强国论述摘编[M]. 北京：中央文献出版社，2021：169-170.

第二章
媒体融合深化出版传媒产业变革

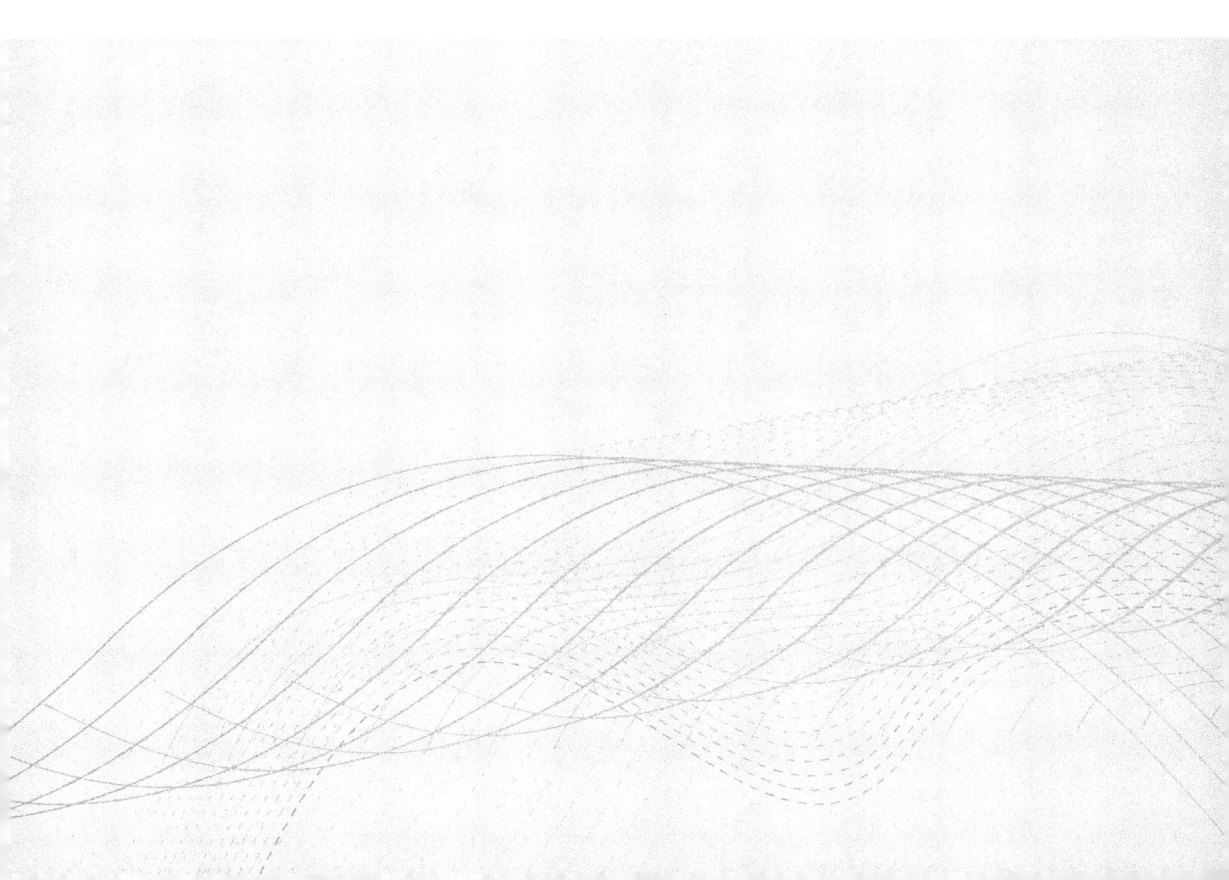

伴随着互联网的迅猛发展，特别是移动互联网的兴盛，大数据、云计算、物联网等科学技术不断涌现，电子出版、数字出版、互联网出版的热潮此起彼伏。传统媒体与新兴媒体的融合发展日趋深化，一定程度上改变了文化产业的结构与布局，并将出版传媒产业变革纳入互联网经济发展的总体格局中。

正如明安香 2005 年在"21 世纪世界新闻传播格局研究"丛书的总前言中所指出的："世纪之交以来，由于数字式、多媒体、网络化等信息传播新技术、新媒介的迅猛发展，由于传播全球化和经济全球化的齐头并进，由于苏联等政治版图的裂变，包括美国这样的超级传媒帝国等世界主要国家的新闻传播实践与格局都发生了前所未有甚至翻天覆地的变化，全球新闻传播的格局也今非昔比。"❶

为了切实加快媒体深度融合发展，国家一方面要加强政策支持、强化资金保障，充分发挥市场机制作用与主流媒体示范效应，建立健全全媒体生产传播体系；另一方面还要大力培养包括网络编辑在内的全媒体人才，逐步完善人才引进与教育培养体制，提升相关从业人员的能力与素养，实现人才创新驱动。

---

❶ 明安香．美国：超级传媒帝国 [M]．北京：社会科学文献出版社，2005：2．

第一节　出版传媒产业变革的机遇

21世纪初,与上述世界传媒格局变化相适应,我国也开始加快文化产业变革步伐。相关部门积极开展文化体制改革,支持文化产业发展,集中发布了《中央宣传部、国家广电总局、新闻出版总署关于深化新闻出版广播影视业改革的若干意见》《文化体制改革试点中支持文化产业发展的规定(试行)》《文化体制改革试点中经营性文化事业单位转制为企业的规定(试行)》《关于深化文化体制改革的若干意见》等一系列文件。

在国家的政策和资金支持下,媒体融合发展不仅表现在许多出版企业已经设立专门的数字出版业务部门,开展数字出版业务,更重要的是传统媒体要调整发展思路,积极推进信息化建设、数字化转型,与新兴媒体共享内容资源、信息资源、人力资源和营销资源,探索复合出版、转型升级。

特别是2002年11月,党的十六大报告中明确提出:"发展文化产业是市场经济条件下繁荣社会主义文化、满足人民群众精神文化需求的重要途径。完善文化产业政策,支持文化产业发展,增强我国文化产业的整体实力和竞争力。"为了实现这一目标,要适应社会主义市场经济发展的要求,继续深化文化体制改革。具体举措包括:"把深化改革同调整结构和促进发展结合起来,理顺政府和文化企事业单位的关系,加强文化法制建设,加强宏观管理,深化文化企事业单位内部改革,逐步建立有利于调动文化工作者积极性、推动文化创新,多出精品、多出人才的文化管理体制和运行机制。按照一手抓繁荣、一手抓管理的方针,健全文化市场体系,完善文化市场管理机制,为繁荣社会主义文化创造良好的社会环境。"

之后,《新闻出版体制改革试点工作实施方案》《关于印发文化体制改革中经营性文化事业单位转制为企业和进一步支持文化企业发展两个规定的通知》《国务院关于非公有资本以多种形式进入文化产业的若干决定》《关于在文化体制改革中加强国有文化资产管理的通知》等文件的发布,以及国家国民经济与社会发展"十一五"规划中关于文化改革发展的相关设计,保障了文化产业的调整与发展进程。新闻出版总署公布的统计信息显示:截至2010年年底,除国家政策拟保留的少数公益性出版单位和军队系统出版单位管理属性不变外，中央和地方的各类出版单位基本均完成转企工作。

党的十八大以来，我国国民经济与社会发展又经历了两个五年规划。在此过程中，国家非常重视通过深化文化体制改革逐步健全相关体制机制建设，从宏观政策方面引导文化产业进行数字化转型及融合发展。

在2014年发布《深化文化体制改革实施方案》《关于推进文化创意和设计服务与相关产业融合发展的若干意见》《关于推动新闻出版业数字化转型升级的指导意见》等文件的基础上，国家新闻出版广电总局和财政部于2015年3月31日联合发布《关于推动传统出版和新兴出版融合发展的指导意见》，明确指出要"坚持正确处理传统出版和新兴出版关系，以传统出版为根基实现并行并重、优势互补、此长彼长""立足传统出版，发挥内容优势，运用先进技术，走向网络空间，切实推动传统出版和新兴出版在内容、渠道、平台、经营、管理等方面深度融合，实现出版内容、技术应用、平台终端、人才队伍的共享融通，形成一体化的组织结构、传播体系和管理机制"。

2016年，《中华人民共和国国民经济和社会发展第十三个五年规划纲要》进一步提出要推进文化业态创新，大力发展创意文化产业，促进文化与科技、信息、旅游、体育、金融等产业融合发展。

作为文化产业的重要组成部分，出版传媒产业因应上述产业变革的重要历史机遇，积极推进媒体融合是大势所趋。正如原新闻出版总署署长、清华大学新闻与传播学院院长柳斌杰所说的："当前，我国新闻出版业已进入印刷、电子、数字、互联网、大数据五种业态交叉竞争、立体发展的时代，变革原有的传统格局和管理模式已难以适应这种革命性的变化。因此，必须进行以供给侧革命为重点的转型升级。"[1] 前中国感光学会理事长、国际影像科学委员会（ICIS）秘书长蒲嘉陵在《印刷及出版传媒产业和技术发展的回顾与展望》中也明确指出："目前我们正在历经另一次大变革，即，从印本传媒向多媒体传媒的转变。"[2]

2020年9月，中共中央办公厅、国务院办公厅印发《关于加快推进媒体

---

[1] 柳斌杰. 中国新闻出版业改革创新40年[J]. 中国出版，2018（20）：3-11.
[2] 蒲嘉陵. 印刷及出版传媒产业和技术发展的回顾与展望[J]. 北京印刷学院学报，2018（10）：1-10.

深度融合发展的意见》，从重要意义、目标任务、工作原则等方面明确了媒体深度融合发展的总体要求，显示出国家加快深化媒体融合发展的决心。新形势下，相关管理部门要强化互联网思维，深刻认识全媒体时代推进媒体融合发展工作的重要性与紧迫性，坚持正确方向，坚持一体发展，坚持移动优先，坚持科学布局，坚持改革创新，按照资源集约、结构合理、差异发展、协同高效的原则，完善中央媒体、省级媒体、市级媒体和县级融媒体中心四级融合发展布局，推动传统媒体和新兴媒体在体制机制、政策措施、流程管理、人才技术等方面加快融合步伐。

为了推动主力军全面挺进主战场，必须坚持以人民为中心，探索以大数据、云计算、5G、物联网、区块链、人工智能等先进技术引领驱动，走好全媒体时代的群众路线，贯彻"管得住、用得好"等原则，尽快建成一批具有强大影响力和竞争力的新型主流媒体，逐步构建网上网下一体、内宣外宣联动的主流舆论格局。此外，还要采取多种形式吸引广大用户参与信息生产传播，加强媒体与受众的互动沟通交流，整合更多优质内容、先进技术、专业人才、项目资金等优势资源进行优化配置，向互联网主阵地汇集、向移动端倾斜，有效深化主流媒体体制机制改革，做大做强网络平台，占领新兴传播阵地，建立以内容建设为根本、先进技术为支撑、创新管理为保障的全媒体传播体系，努力提升国际国内传播效果。❶

第二节　出版传媒产业变革的进程及成就

自1949年中华人民共和国的成立开始，新中国出版业开启了发展的新篇章。新中国成立初期，党和政府在过渡时期总路线的指导下，统筹兼顾，在稳步建设国营出版业的同时，积极推进私营出版业改造，初步形成具有中国特色的社会主义出版格局。

---

❶ 新华社.中共中央办公厅国务院办公厅印发《关于加快推进媒体深度融合发展的意见》[EB/OL].（2020-09-26）. http://www.gov.cn/zhengce/2020-09-26/content_5547310.htm.

1950年10月28日，中央人民政府出版总署发布《关于国营书刊出版印刷发行企业分工专业化与调整公私关系的决定》，明确了全国各级新华书店、人民出版社和新华印刷厂等机构的国营书刊出版印刷发行企业身份；1952年发布的《关于国营出版社编辑机构及工作制度的规定》，则对国营出版社的编辑机构及其工作制度做了详细规定。

1956年，文化部与财政部联合发布《出版物成本核算暂行办法》，要求出版社按照财政部的国营工业企业成本计算规程进行成本核算。1960年初，中央一级出版社整顿小组审查批准文化部党组《关于人民出版社等七个出版社整顿工作的报告》，相关改进措施提出："出版社应由企业单位改为事业单位。改制之后，出版社的经济核算制仍应坚持，必须贯彻勤俭办事业的精神。"

总体而言，在出版管理体制方面，这一时期无论是政务院领导的中央人民政府出版总署，还是后来国务院在文化部内设的出版事业管理局，都非常重视对全国出版、印刷、发行工作的全流程、多层次统筹规划。改革开放后国家出台了一系列文件，解放思想，重新定位出版工作的性质与功能。

1979年12月，国家出版局在湖南长沙召开全国出版工作座谈会。此次座谈会深入讨论了国家和地方的出版布局，明确出版工作"为社会主义服务、为人民服务"的基本方针和三项基本任务，原则通过了《出版社工作条例（草案）》，肯定地方出版社"立足本省、面向全国"的出版方针。

1983年6月，中共中央、国务院发布《关于加强出版工作的决定》，在我国出版业发展进程中具有重要影响。《关于加强出版工作的决定》明确规定新时期出版工作的性质、作用、方针和任务，对出版队伍建设，印刷、发行业发展，以及出版工作管理等方面提出具体要求，肯定出版事业是党领导的社会主义事业的一个组成部分。

关于出版社体制、图书发行体制等方面的改革也逐步推进。1980年4月22日，中宣部转发国家出版局制订的《出版社工作暂行条例》，对出版社的方针任务、图书的质量与数量、出书规划与计划等进行规定，共10个部分，40条。1981年7月，文化部发布《关于图书发行体制改革工作的通知》。1982年3月28日，国家出版局党组向中宣部报送了《关于图书发行体制改革问题的报告》。1984年10月22日，文化部印发《关于地方出版工作会议的报告》，提出要使出版社由单纯的生产型逐步转变为生产经营型，适当扩大出版单位的自主权，进一步推进出版体制改革。1985年1月3日，文化部、教育部联合转发《关于对高等学校申请建立出版社审批情况和意见的报告》。1985年4月3日至12日，文化部在北京召开全国出版局（社）长会议，深入讨论如何在坚持中共中央出版方针的前提下，积极稳妥地推进出版改革。1985年11月15日，文化部、财政部、国家工商总局印发《文化部关于利用经济制裁手段加强出版管理的请示》。1988年5月6日，中宣部、新闻出版署发出《关于当前出版社改革的若干意见》和《关于当前图书发行体制改革的若干意见》，分别提出八个方面的指导意见，要求积极稳妥地改革出版社原有体制与图书发行体制。

20世纪90年代以来，我国出版体制改革逐步深化。在国家加快发展第三产业的背景下，出版业的产业化转型与发展取得阶段性成效。1992年10月党的十四大召开，明确提出建立社会主义市场经济体制。同月，《伯尔尼公约》和《世界版权公约》在中国正式生效。1992年12月，全国新闻出版局长会议指出："把逐步建立适应社会主义市场经济体制的出版体制，作为出版建设和改革的目标，势在必行。"1992年，新闻出版署提出加强出版业联合，进行出版、印刷、发行企业集团试点。1994年，新闻出版署发布《关于出版企业转换经营机制加强经营管理的意见》，强调出版企业以提高社会效益和经济效益为目标，探索建立现代出版企业制度。1996年，全国新闻出版局长会议讨论了组建报业集团和出版集团试点问题。1997年，图书发行体制改革研讨会上讨论了跨地区、行业兼并和联合问题以及省新华书店进行公司制、股份制改造的形式与途径。党的十五大以后，国家明确把建设现代企业制度作为国企改革的目标导向。1999年，中宣部和新闻出版署开始批准成立试点集团。1999年2月，上海世纪出版集团作为全国第一家试点出版集团宣告成立。2001年8月，中共中央办公厅、国务院办公厅发布《关于转发〈中央宣传部、国家广电总局、新闻出版总署关于深化新闻出版广播影视业改革的若干意见〉的通知》，规定出版集团为事业单位性质。

自2002年开始，在出版业全球化发展的背景下，政府着重以市场为主导，对出版资源进行优化配置。2002年党的十六大提出文化体制改革的目标任务和方针原则，以政策为引导进一步深化出版改革，以适应全球化背景下的新闻出版产业市场化发展。党的十六大提出积极发展文化事业和文化产业，推进文化体制改革，通过分类管理，推进出版业的企业化转制。2003年12月，国务院颁发了《文化体制改革试点中支持文化产业发展的规定（试行）》和《文化体制改革试点中经营性文化事业单位转制为企业的规定（试行）》，分别针对文化体制改革中的相关政策做了全面规定。2005年，中共中央、国务院颁布《关于深化文化体制改革的若干意见》，提出一般出版单位应逐步转制为企业。❶

以2010年为起点，我国出版传媒业通过资本运营，在对国有企业进行资本重组、改制的同时，积极发挥资本市场的资源配置功能，建立健全现代企业制度。以中国出版集团、凤凰出版传媒集团、中南出版传媒集团等为代表的一批出版传媒企业通过上市、并购等方式做大做强，实现跨地区、跨媒体、跨行业发展。"改革开放40年来，我国出版传媒企业通过资本运作打造出了一批出版传媒业的龙头企业，推动了互联网相关的新兴出版传媒业的快速发展，多元化资本运营也促进了国企与民企、传统出版业和新兴出版业的有机融合。"❷

2012年之后，国家的出版政策导向融合发展，出版产业开始探索转型升级新路径。2014年2月，中共中央发布《深化文化体制改革实施方案》。2015年4月，《关于推动传统出版和新兴出版融合发展的指导意见》发布。2014年，国务院办公厅发布了《关于印发文化体制改革中经营性文化事业单位转制为企业和进一步支持文化企业发展两个规定的通知》。2016年，《国民经济和社会发展第十三个五年规划纲要》提出推进文化业态创新，大力发展创意文化产业，促进文化与科技、信息、旅游、体育、金融等产业融合发展。2017年，《关于深化新闻出版业数字化转型升级工作的通知》《国家"十三五"时期文化发展改革规划纲要》《关于进一步扩大和升级信息消费持续释放内需潜力的指导意见》《新闻出版广播影视"十三五"发展规划》等一系列政策发布，推动新闻出版业加快完成数字转型，媒体融合取得新突破。❸

综上所述，我国出版传媒产业从20世纪90年代起步，以图书、报纸、期刊为代表的传统出版业长期居于主导地位，与之相适应的行业管理格局、管

---

❶ 章宏伟.改革开放30年出版大事记[J].编辑之友，2008（11）：157-184.
❷ 莫林虎，杨舒钠.改革开放40年来资本运营对出版传媒产业的促进作用[J].中国出版，2018（24）：9-12.
❸ 王欢妮.新中国成立70年来我国出版产业政策的发展与变迁[J].编辑之友，2019（9）：26-32.

理体制、运作机制在一定程度上限制了出版传媒领域的产业化发展进程。随着我国文化产业政策的调整，特别是积极推进媒体融合发展，出版传媒产业结构也发生了重大变化。正如莫林虎、杨舒钠在《改革开放40年来资本运营对出版传媒产业的促进作用》一文中所指出的："从2010年开始，随着移动互联网的普及，中国出版传媒产业的产业格局、商业模式、竞争态势、发展趋势都发生了巨大变化""传媒业开始向融合方向发展"❶。国家适应社会主义市场经济发展需求，逐步转变计划经济体制下对出版业的管理模式，加强对出版业的宏观调控，实现以市场为主导进行资源优化配置，建立健全出版管理经营制度体系，促进出版业的结构调整与转型发展。

依据国家新闻出版与广电总局和新闻出版署历年发布的《全国新闻出版业基本情况》和《新闻出版产业分析报告》相关统计数据不难发现，在出版传媒业变革中，多种传媒形态融合发展，不仅促进同一内容的多媒体呈现，而且大大提升了用户的多层次体验效果。数字出版、网络出版等已经成为出版传媒产业发展的生力军。蒲嘉陵曾明确指出："我国的数字出版在过去十年间维持在高两位数的持续增长状态，年增长率随产业规模的扩大呈规律性的下降状态，这是产业整体处在高速增长的'朝阳时代'的典型特征。"❷与数字出版相呼应，以网络文学、网络游戏、网络音视频等为代表的网络出版，无疑已成为新兴出版传媒业的又一重要增长点。2018年全球互联网用户达38.9亿，首次超过全球人口总数的50%，全球前十大互联网公司中美两国共占9家。❸

媒体融合发展一定程度上也为传统出版业转型注入活力。《2018年新闻出版产业分析报告》的相关统计数据显示：2018年与2017年相比，除了报纸出版营业收入、利润总额再次下滑之外，我国的图书出版营业收入增长6.6%，在新闻出版8个产业类别中增速第一；期刊出版营业收入连续两年保持增长；音像制品、电子出版物的营业收入、利润总额有小幅增长。2018年，我国共有21家集团资产总额超过100亿元，119家出版传媒集团拥有资产总额增长7.4%，利润总额增长4.6%。

---

❶ 莫林虎，杨舒钠.改革开放40年来资本运营对出版传媒产业的促进作用[J].中国出版，2018（24）：9-12.
❷ 蒲嘉陵.印刷及出版传媒产业和技术发展的回顾与展望[J].北京印刷学院学报，2018（10）：1-10.
❸ 任泽平，连一席，谢嘉琪.2019全球互联网发展报告出炉！中美占据Top10公司中9席[EB/OL].（2019-10-24）. http://www.sohu.com.

数字出版与网络出版的兴盛，则引发了我国国民阅读特点及阅读习惯的重大变化。2019 年 4 月 16 日，中国新闻出版研究院发布第十六次全国国民阅读调查结果。依据相关统计数据，2018 年我国成年国民的综合阅读率为 80.8%，数字化阅读方式的接触率为 76.2%。与 2017 年相比，我国成年国民的综合阅读率上升了 0.5%，而数字化阅读的接触率则上升了 3.2%。

针对我国国民越来越习惯以网络、手机和电子阅读器等媒介为主要形式开展阅读活动，中国新闻出版研究院院长魏玉山指出："数字化阅读的发展，提升了国民综合阅读率和数字化阅读方式接触率，整体阅读人群持续增加，但同时也带来了纸质阅读率增长放缓的新趋势。"[1]

2020 年 4 月 20 日，中国新闻出版研究院发布第十七次全国国民阅读调查报告。相关统计数据显示，2019 年我国成年国民各媒介综合阅读率及数字化阅读方式接触率保持增长势头，前者达到 81.1%，后者为 79.3%，分别提高了 0.3% 和 3.1%。我国成年国民人均纸质图书阅读量为 4.65 本，人均纸质报纸阅读量为 16.33 期（份），人均纸质期刊阅读量为 2.33 期（份），人均电子书阅读量为 2.84 本。

值得关注的是，手机和互联网成为我国成年国民每天接触的主要媒介，包括网络在线阅读、手机阅读、电子阅读器阅读、Pad 阅读等数字化阅读方式的拓展，在一定程度上影响了纸质阅读率和电子书阅读量。[2]

第三节　网络出版的兴盛

随着全媒体时代的到来，大量综合资讯平台、网络文学平台、社交媒体、数字企业纷纷涌现，加上传统媒体的数字化建设，互联网上从事文字、图片、视频、音频等内容生产与传播的工作者数量激增。

---

[1] 史竞男. 第 16 次全国国民阅读调查成果发布 [EB/OL].（2019-04-17）. http://www.nationalreading.gov.cn/ReadBook/contents/6271/397479.shtml.

[2] 路艳霞，杨盼. 第十七次全国国民阅读调查结果：超一成国民日均阅读超 1 小时 [EB/OL].（2020-04-20）. https://new.qq.com/omn/20200420/20200420A06ONJ00.html.

网络编辑概念的出现及发展，与我国网络出版的兴起密切相关。1991年4月，《华夏文摘》在美国创刊，这是全球第一份中文网络出版物。1995年1月，由国家教育委员会主办的《神州学人》在中国创刊，并通过中国教育与研究网（Cernet）向全世界发行。这是中国本土出现的第一份网络出版物，也是首份网络型电子期刊。2000年年初，"人民时空"（www.peoplespace.com）诞生，我国14家大型出版社宣布依托这一大型网络出版平台进行网络出版。

从20世纪末开始，关于网络出版的研究逐渐开展并走向深入。例如早期的《Internet时代的网络出版》《网络出版及其类型》《网络出版探析》《关于网络出版的几个问题》等文章，都关注到网络出版的概念、类型及发展趋向。

正如朱伟峰在《网络出版的概念界定及发展中存在的问题》一文中所指出的："网络出版至今还没有一个统一的、权威的、能够被人们公认的概念。"[1]主要代表性观点包括："传播说""本质说""有形说""交易说""出版说"，等等。人们在提到网络出版时，往往使用"互联网出版""网页出版""泛网络出版""在线出版""多媒体出版"等表述。

依据2002年由新闻出版总署和信息产业部联合颁布的《互联网出版管理暂行规定》，互联网出版是指"互联网信息服务提供者将自己创作或他人创作的作品经过选择和编辑加工，登载在互联网上或者通过互联网发送到用户端，供公众浏览、阅读、使用或者下载的在线传播行为。

其作品主要包括：

（一）已正式出版的图书、报纸、期刊、音像制品、电子出版物内容或在其他媒体上公开发表的作品；

（二）经过编辑加工的文学、艺术和自然科学、社会科学、工程技术等方面的作品。"

2016年2月4日，国家新闻出版广电总局及工业和信息化部联合发布第5号令，公布《网络出版服务管理规定》，自2016年3月10日起施行。

《网络出版服务管理规定》明确指出：

"第二条 在中华人民共和国境内从事网络出版服务，适用本规定。

本规定所称网络出版服务，是指通过信息网络向公众提供网络出版物。

---

[1] 朱伟峰.网络出版的概念界定及发展中存在的问题[J].中国出版，2005（8）：42-44.

本规定所称网络出版物，是指通过信息网络向公众提供的，具有编辑、制作、加工等出版特征的数字化作品，范围主要包括：

（一）文学、艺术、科学等领域内具有知识性、思想性的文字、图片、地图、游戏、动漫、音视频读物等原创数字化作品；

（二）与已出版的图书、报纸、期刊、音像制品、电子出版物等内容相一致的数字化作品；

（三）将上述作品通过选择、编排、汇集等方式形成的网络文献数据库等数字化作品；

（四）国家新闻出版广电总局认定的其他类型的数字化作品。"

通过比较上述国家相关管理规定不难发现：随着我国互联网的发展，特别是互联网的商业化及移动互联网兴盛，我国针对网络出版及其服务的界定也有了一定的拓展。

值得注意的是：由于网络出版物一般都是数字化作品，因此也有观点认为网络出版就是数字出版。事实上，数字出版与网络出版是不同的。徐丽芳在《数字出版：概念与形态》一文中详细追溯了数字出版概念的起源与发展，认为国外数字出版萌芽于20世纪50年代初美国麻省理工学院研究人员对利用计算机检索代码做文摘进行的可行性研究，产生了"电子出版物雏形"；国内的相关代表性出版物则首推武汉大学图书情报学院与武汉大学出版社于1991年合作出版的《国共两党关系通史》。在只读光盘和手持式阅读器的短暂繁荣之后，"现在普遍认为具有光明前景的数字出版形式是随着20世纪90年代中期互联网的普及而兴起的网络出版"。徐丽芳在深入比较分析了当时具有代表性的"电子出版""数字出版"和"网络出版"相关概念界定后，明确指出："随着LCD等模拟电子出版物被逐渐淘汰，数字出版和电子出版无论从内涵还是外延来看都逐渐趋同""至于网络出版，很显然它不包括封装型电子或数字出版物，因此可算作后者的下位类概念。但是，随着CD-ROM等封装型载体被认为是一种过渡性产品而在出版舞台上风光不再，'数字出版'与'电子出版'、'网络出版'等在许多场合实际上指的是同一事物。"❶

---

❶ 徐丽芳. 数字出版：概念与形态 [J]. 出版发行研究，2005（7）：5-12.

第三章
全媒体时代网络编辑概念的发展演进

作为网信事业发展的基础性人才力量，当前我国网络编辑的生存与发展面临着重要的历史节点。2016年6月，国务院取消了网络编辑员等47项职业资格许可和认定。这一变动引发社会广泛关注。人力资源和社会保障部相关负责人强调指出，今后没有法律法规依据的准入类职业资格一律不得新设。值得注意的是，北京市2016年在全国率先开展数字编辑专业技术资格认证，有论者认为"这标志着我国网络编辑职业开始有了明确的职业规范和标准"❶。

在本章中，笔者在适应出版传媒产业的转型发展，特别是近年来数字出版、网络出版的创新趋向，以及相关职业资格认定、专业技术资格评价制度变化的基础上，尝试厘清新形势下网络编辑概念的内涵与外延。

第一节 网络编辑员职业资格认定制度的实施及取消

2005年3月24日，在由劳动和社会保障部公示的第三批10个新职业名单中，网络编辑员被列入国家职业大典，相关国家职业资格认证试点培训也于同年7月正式在北京、上海等地启动。

---

❶ 吴春霞. 浅析网络编辑的职业背景、特点和发展途径 [J]. 中国编辑，2016（5）：89.

依据《网络编辑员国家职业标准》，关于网络编辑的职业定义是："利用相关专业知识及计算机和网络等现代信息技术，从事互联网内容建设的人员。"相关从业人员包含4个职业等级，分别是：网络编辑员（国家职业资格四级）、助理网络编辑师（国家职业资格三级）、网络编辑师（国家职业资格二级）和高级网络编辑师（国家职业资格一级）。上述网络编辑员的四级职业等级设置，类似于我国中央职称改革工作领导小组于1986年3月30日颁布的《出版专业人员职务试行条例》中关于编辑职务的规定："编辑职务（含美术编辑）设编审、副编审、编辑、助理编辑。其中编审、副编审为高级职务；编辑为中级职务，助理编辑为初级职务。"

我国从2006年开始施行全国统一组织、统一命题、统一大纲的网络编辑员职业资格考试。2006年9月，由劳动和社会保障部教材办公室组织编写的《网络编辑员（基础知识 国家职业资格四级）》出版，是相关从业者进行考核鉴定前培训和自学的教材。该教材主要侧重于职业技能培训，共分为两大部分：第一部分"基础知识"下列5章，分别为"网络编辑的职业道德""计算机与网络应用知识""编辑基础知识""网络编辑基础知识"和"相关法律、法规知识"；第二部分"网络编辑员"下列"采集现有素材""收集网络素材""素材分类""素材加工""音频、视频的处理""网页图像设计""网页动画设计""发布系统的使用"8个单元23章。

从《网络编辑员国家职业标准》中对网络编辑的职业定义来看，主要从两个方面对相关从业人员进行规定：一是"利用相关专业知识及计算机和网络等现代信息技术"；二是"从事互联网内容建设"。值得注意的是，上述界定并未采用《互联网出版管理暂行规定》中关于互联网出版的概念，也没有强调互联网媒体及网络编辑建设互联网内容（作品）类型，只是笼统规定了网络编辑的职业等级、培训及任职资格要求。毋庸讳言，《网络编辑员国家职业标准》中并未深入分析网络编辑概念的内涵与外延，并且在一定程度上忽视了网络编辑的主体性。

关于网络编辑的主体性，张志林、陈丹于2004年发表的《网络出版的主体与客体》一文中有深入分析。文章开篇谈到，在北京地区互联网出版调查中发现相关从业者存在诸多困惑，例如："我社尚未建立网站，只是向网络公司提供期刊的电子版，称不称为网络出版？""我社自己将纸质期刊的电子版免费上网，是不是属于网络出版？""对商业信息深加工实行收费下载，是不是属于网络出版？"，等等。可见，伴随着互联网在出版领域的广泛应用与深入发展，网络出版的内涵、外延也呈现出相应动态变化。人们可以依据是否同时满足网络（Online）和出版行为（Publishing）两大基本特征，来界定相关活动是否属于网络出版。考虑到"publishing"在我国"必须有主体资格认定"和"对信息的编辑加工要求"，不仅可以将网络出版与无出版资格者加工发布的内容相分离，而且可以将其区别于其他一般网络信息发布行为。换句话说，网络出版只是网络传播的一个子集，并且从事网络出版的机构有具备或不具备网络出版资格之分。从这一角度出发，网络出版是指具有合法资格的出版者以互联网为载体和流通渠道，出版数字出版物的行为。网络出版主体包括开展网络出版的传统出版单位和互联网服务提供商。网络出版的客体是指网络出版物，是网络出版的数字产品形态，其"创作、交稿、编辑、出版、发行等都可以在计算机网络中进行"❶。

2005年，朱伟峰发表《网络出版的概念界定及发展中存在的问题》一文，在针对五种代表性网络出版概念比较分析的基础上，肯定"网络出版在广义上就是信息通过互联网向大众传播的过程"。依托网络虚拟环境，掌握相关技术的"专业出版单位、商业公司、技术和服务公司甚至个人"都能进行网络出版。作为网络出版的一大特点，"出版主体呈现自由化、大众化趋势"也带来了网络出版主体有待确定等问题。与专业化、规范化的传统出版相比，"大多数个人或组织的网络出版过程没有相应的信息收集、整理、编辑、加工、发布、传播的工作环节，没有取得合法的出版资格，无严格的质量标准与规范"。网络出版的主要特点应表现为"出版主体的合法化、网络产品的数字化、流通的网络化和电子化"，"必须要有一大批新型的网络型编辑人才"❷。

2016年6月15日，国务院宣布取消包括网络编辑员、录音师、数字视频合成师等47项职业资格的认定。

---

❶ 张志林，陈丹. 网络出版的主体与客体 [J]. 中国出版，2004（2）：51-53.
❷ 朱伟峰. 网络出版的概念界定及发展中存在的问题 [J]. 中国出版，2005（8）：42-44.

第二节 北京市推行数字编辑专业技术资格评价制度

2016年6月7日，北京市开展首次数字编辑高级专业技术资格评价工作。值得注意的是，这一事件距离2016年6月15日国务院宣布取消包括网络编辑员、录音师、数字视频合成师等47项职业资格的认定只有一周时间。难怪有论者认为："北京市率先推行数字编辑专业技术资格评价制度，这标志着我国网络编辑职业开始有了明确的职业规范和标准。"[1]

事实上，数字编辑专业技术资格评价制度与网络编辑员职业资格认定制度之间存在很大差异。李超在《北京市数字编辑专业技术资格制度政策解读》一文中针对专业技术资格和职业资格进行了辨析，认为二者是"我国人才评价两个不同维度的标准体系"，前者是针对专业技术干部的技术水平能力等级评价制度，后者为针对工人的技能等级鉴定制度。[2]因此，北京市数字编辑专业技术资格评价制度是北京市人力资源和劳动保障局设立的专业技术资格评价制度，相关人员取得技术资格后获得《专业技术资格》证书，表明一定时期内具有受聘该专业技术职务所需的学术、技术水平；网络编辑员作为国家设立的职业资格，是从事网络编辑职业的起点标准和必备标准，相关人员取得从业资格后获得《职业技能资格》证书。

一、北京地区出版传媒产业的变革与发展

自2012年9月开始，新闻出版总署在新闻出版行业开展传统出版单位数字出版转型示范工作。这一工作是为了深入贯彻落实党的十八大精神，培育和壮大数字出版产业，加快新闻出版业发展方式转变。2013年6月28日，全国首批数字出版转型示范单位公示，共有70家单位入选，包括浙江出版传媒有限公司等5家出版集团、北京师范大学出版社等20家图书出版单位、重庆日报报业集团等5家报业集团、人民日报社等20家报纸出版单位、北京卓众出

---

[1] 吴春霞.浅析网络编辑的职业背景、特点和发展途径[J].中国编辑，2016（5）：88-90.
[2] 李超.北京市数字编辑专业技术资格制度政策解读[J].科技与出版，2016（7）：4-8.

版有限公司等 20 家期刊出版单位。❶

　　2015 年 7 月 7 日，以 2014 年省一级转型示范评估为基础，全国第二批数字出版转型示范单位公示。此次公示共有 100 家单位入选，包括北京日报报业集团等 10 家报业集团、长江出版传媒股份有限公司等 5 家出版集团、半岛都市报社等 30 家报纸单位、安徽恋爱婚姻家庭传媒有限公司等 29 家期刊单位、北京希望电子出版社等 26 家图书单位（含音像电子）。

　　两次全国数字出版转型示范单位公示，遴选出 170 家单位为示范，不仅有利于引导传统出版业数字化转型的趋向，而且展示出数字出版在出版集团化、图书、报纸、期刊等领域深化发展的丰硕成果。在 2016 年 3 月 17 日发布的《中华人民共和国国民经济和社会发展第十三个五年规划纲要》"第十六篇 加强社会主义精神文明建设"中，"第六十八章 丰富文化产品和服务"的"第三节 加快发展文化产业"，将数字出版与网络视听、移动多媒体、动漫游戏等并列，明确提出要"加快发展"这些"新兴产业"，"推进文化业态创新，大力发展创意文化产业"。

　　作为全国的政治、文化中心，北京一直是出版业发展的重镇。伴随着各种媒体的融合发展，北京地区的出版传媒产业变革也逐步推进。据统计，北京地区截至 2015 年 11 月的互联网出版注册企业数量超过 300 家，广播电视节目制作经营机构接近 3700 家，网络视听持证机构 120 余家，属地网站更是多达 40 万个。这些网站种类丰富、影响广泛：不仅包括人民网、新华网等主流媒体网站和新浪、搜狐等全国重点门户网站，还有百度、360 等大型搜索引擎，大量著名网络文学网站、视频网站、垂直类专业网站，以及网络游戏企业、电子商务网站总部等。应当承认，"北京地区数字内容传播业务相关机构的数量、规模和影响力，已成为引领北京市新闻出版广电行业创新及传播的重要平台，处于全国领先地位"❷。在这种形势下，北京市建立健全相关从业人员的专业技术资格评价体系，不仅关系到北京地区数字编辑人才队伍建设与管理，而且事关数字内容传播产业的健康发展与供给侧结构性改革需求，引领全国数字内容传播产业人才培养趋向，有利于传统媒体与新兴媒体的融合发展。

---

❶ 2013 年数字出版转型示范单位公示 [EB/OL].（2013-06-28）. http://www.gapp.gov.cn/news/1664/151665.shtml.

❷ 李超. 北京市数字编辑专业技术资格制度政策解读 [J]. 科技与出版，2016（7）：4-8.

二、北京市建设数字编辑专业技术资格评价制度的成果

"十二五"期间,北京市重点建设数字编辑专业技术资格评价制度,目标是为数字内容传播产业发展提供人才支持。经过5年建设,2015年12月北京市人力资源和社会保障局、北京市新闻出版广电局发布《北京市新闻系列(数字编辑)专业技术资格评价试行办法》(京人社专技发〔2015〕258号)。

2016年5月14日,北京市举行数字编辑专业初中级专业技术资格考试,共吸引了2414名考生参加。据统计,这些考生的学历普遍较高,其中研究生学历和本科学历的考生加起来达考生总人数的90%;考生中所学专业与新闻出版、广播影视相关的约占1/3;大多数考生(95%)都从事数字出版、数字新闻方面的工作。作为全国首次针对数字编辑从业者的考试,这一考试"既达到了检测从业者水平能力的目的,也标志着北京市数字编辑专业人才队伍建设迈入新的台阶"❶。

2016年6月7日,北京市开展首次数字编辑高级专业技术资格评价工作。按照北京市数字编辑高级专业技术资格评价体系,数字编辑涵盖数字新闻编辑、数字出版编辑和数字视听编辑三大领域,每个领域又具体分为内容编辑、技术编辑和运维编辑。有学者认为,"形成了以'数字出版、数字新闻、数字视听'和'内容、技术、运维'为依托的'三纵三横'9个细分方向,实现了各个级别专业技术资格评价体系的全覆盖"❷。数字内容传播产业的"正规军"队伍开始逐步建立并得到发展。

2016年前后,围绕着北京市数字编辑专业技术资格评价体系建设的相关研究也逐渐深入。朱国政在《首次数字编辑职称考评:正名定分,路向远方》中指出:"北京市在全国率先开展数字编辑职称评定工作,为数字编辑从业人员'正名定分',标志着北京市数十万数字编辑从业人员从此有了明确的职业发展方向和评价体系,有了正式的职业名称,有了为社会承认的群体地位。"❸

李超在《北京市数字编辑专业技术资格制度政策解读》一文中则提出:

---

❶ 李超.2016年度北京市数字编辑专业技术资格考试初中级考生状况分析[J].科技与出版,2017(6):25.
❷ 朱国政.首次数字编辑职称考评:正名定分,路向远方[J].科技与出版,2016(7):14-16.
❸ 同❷.

"数字编辑是一个全新概念。就数字编辑属性而言，应包含 4 个层面的基本含义。"❶ 概括而言，这 4 个层面的基本含义包括：一是依托数字内容传播产业发展，"参与人员众多，分工明确，对象清晰，符合作为职业的社会属性、经济属性、价值属性和规范属性"；二是作为"名词"进行语义分析，"数字编辑是指数字内容产品的生产者和制造者，分布在作品选题策划、稿件资料组织、加工整理修改、校对审核把关、维护发布运营各个环节中，承担着内容资源搜集、设计研发、生产制作、审核校对、渠道开发、运营服务等任务"；三是作为"动词"进行语义分析，"数字编辑指的是数字内容产品的生产活动"；四是针对数字编辑专业技术人才队伍建设需求，"将数字编辑作为专业纳入职称评审序列，开创了数字编辑专业设立的新纪元"。

第三节　新形势下网络编辑的内涵与外延拓展

网络编辑是因应互联网出版发展需要而产生的。伴随着我国网络出版的发展演进历程，人们对于网络编辑概念的理解与表述也是动态发展的。

从语义学的角度分析，"编辑"一词具有双重含义，既可作为动词，指编辑活动；又可作为名词，指代从事编辑活动的人员。相应地，"网络编辑"也是个多义词，既可以作动词，指网络编辑工作；也可以作名词，指代从事网络编辑工作的人员。

本书主要研究作为名词的"网络编辑"，针对从事网络编辑工作的人员对"网络编辑"概念进行界定。

一、《网络编辑员国家职业标准》颁布之前

20 世纪末，相关研究成果大多还没有明确使用"网络编辑"概念。21 世纪初，人们在谈及网络编辑这一新兴职业时，关注的其实往往是网络新闻编辑。

---

❶ 李超. 北京市数字编辑专业技术资格制度政策解读 [J]. 科技与出版，2016（7）：4-8.

例如，黄彬在2000年发表的《论网络编辑人员的新闻职业素质》一文，标题中有"网络编辑人员"，还将"网络编辑"作为关键词。该文较早在网络媒体兴起的背景下，对网络编辑人员由于职业素养低而导致的网络传播不正规现象进行了深入分析。值得注意的是，文章中将网络编辑看作是与传统新闻工作者一样的"新闻传播者的角色"，认为两者的区别主要在于工作方式和工作手段不同。❶

2001年，余瑞冬在硕士论文《网络编辑社会角色及素质能力剖析》中指出："在互联网时代，编辑仍然将在网络媒体中扮演重要的角色，充分发挥集纳、筛选和编译者的重要作用"。与黄彬的观点类似，余瑞冬也将网络编辑看作是网络环境下从事新闻传播的从业人员，认为其工作职责是实现网络新闻"在网络（页面）上的具体表现"，"现有的工作职能主要是：设计新闻媒体网站的方针、策划安排报道、组织稿件、选择稿件、修改稿件、制作标题、配置稿件、设计制作并发布新闻页面。"❷

这一时期的相关研究成果还有：陈飞的《从〈人民网〉看网络编辑的特征》（《新闻采编》，2001）、毕永光的《网络新闻编辑浮出水面》（中华新闻报，2000）、杨竞伟和陈莹的《说说网络编辑工作应遵循的原则》（《新闻传播》，2001）、杨琴的《网络新闻编辑角色探讨》（硕士论文，2002）、王军的《网络新闻编辑研究》（硕士论文，2002），等等。

随着网络出版的兴盛，相关研究成果开始更多关注网络编辑区别于传统编辑的角色及功能定位。

2003年，刘娟在硕士论文《网络编辑及其规律初探》中，针对网络编辑活动的三大特点，即由平面编辑向立体编辑转变、由单媒体编辑向多媒体聚合集成编辑转变、由线性编辑向非线性编辑转变，提出网络编辑主体的新角色定位包括信息过滤人、信息经纪人、信息服务人三位一体。❸

2004年，刘春霞在《论网络编辑的"把关人"角色》中，肯定信息时代"网络编辑已不是传统意义上单纯的信息'把关人'，除了筛选、过滤大量信息之

---

❶ 黄彬.论网络编辑人员的新闻职业素质[J].中国民族大学学报，2000（6）：104-108.
❷ 余瑞冬.网络编辑社会角色及素质能力剖析[D].桂林：广西大学，2001.
❸ 刘娟.网络编辑及其规律初探[D].开封：河南大学，2003.

外，网络编辑还必须为受众提供'个性化'的服务和丰富的信息附加值，以满足受众的多元信息需求，同时，还要为用户查询和浏览提供向导，变'严把关'为'巧指路'，充当网络导游和信息参谋"❶。

二、业界、学界关于网络编辑概念的代表性观点分析

当前，业界和学界关于网络编辑的概念一直都众说纷纭、莫衷一是。

2006年，匡文波、高梅在《从网络搬运工到e时代宠儿》一文中，针对网络编辑虽然名列未来几年可能最挣钱的十大职业预测名单，但往往被看作"不需要技术，不需要文采的网络搬运工"，因而被称为"ICP"（即"Internet-Copy-Paste"）和"无冕贼王"的现象颇有感慨，认为"其实网络编辑随着互联网的发展早已走进我们的日常生活，但他们的'身份'却多年未有明确的'认可'，这或多或少会在一定程度上影响到网络编辑们的工作热情"❷。

谭云明在2007年出版的《网络信息编辑》中指出，网络编辑是指利用相关专业知识及计算机和网络等现代信息技术，从事互联网站内容设计的人员。网络编辑人员借助于网络采集海量信息并进行分类、编辑，在此基础上实时向全球网民发布，并与网民开展互动。❸

王宏在2015年发表的《网络编辑人才内涵新解》一文中则认为随着移动互联网的迅猛发展，"网络编辑不仅指从事于各互联网站点的编辑人员，还囊括了各手机站点以及为智能手机终端提供手机应用程序（APP）内容服务的编辑人员"。也就是说，网络编辑人才"应该是利用相关专业知识及计算机和网络等现代信息技术，从事互联网站及移动互联网内容建设的人员"❹。

依照刘华坤、张志林2015年发表的《媒体融合下数字编辑人才建设探讨》一文，"数字编辑是指传媒业内从事数字内容生产传播工作的专业技术人员为主体，再扩展到文化、信息等产业的相关人员"❺，既包括传统新闻出版单位培

---

❶ 刘春霞.论网络编辑的"把关人"角色[J].开封大学学报，2004（4）68-70.
❷ 匡文波，高梅.从网络搬运工到e时代宠儿[J].网络传播，2006（5）：74-75.
❸ 谭云明.网络信息编辑[M].北京：中央电视大学出版社，2007.
❹ 王宏.网络编辑人才内涵新解[J].新闻知识，2015（2）：19-21.
❺ 刘华坤，张志林.媒体融合下数字编辑人才建设探讨[J].北京印刷学院学报，2015（3）：9-12.

养和引进的相关工作人员，又包括新媒体领域从事内容生产传播的人员。

2017年，大浙网总编辑陈国平在《网络编辑的角色嬗变与能力进化》一文中明确指出："身处网络时代，媒体编辑正经历着前所未有的重构与再定义。"❶值得注意的是，这篇文章标题中列明"网络编辑"，而在文中则主要论及"媒体编辑""网媒编辑""移动端网媒编辑"。可见，业界部分专家因应网络时代媒体的发展变化，将网络编辑的内涵与外延进行拓展，强调网络编辑要应对移动媒体传播特点，介入网络内容策划、生产、传播全流程，充当内容生产者（整合者）、管理者、经营者，并积极开展团队协作及跨业务协调，完成复合内容产品的高附加值编辑工作。

三、本书关于"网络编辑"概念的界定

本书对于网络编辑概念的界定，立足于我国媒体融合发展背景下网络出版概念发展，关注从业人员现状，主要关注"网络编辑"的名词语义。

（一）网络编辑的内涵

2017年，高等教育出版社出版了由张文红主编，邬书林、聂震宁主审的《出版概论》。该教材明确指出："进入21世纪以来，以互联网为代表的数字信息技术对出版活动产生了革命性影响，出版产品的生产方式、载体形态、传播媒介和传播途径都产生了巨大变化"，而面对媒体融合发展的新形势，"无论出版产品的形态如何变化，出版的生产环节如何变革，出版活动始终是对信息、知识进行收集、整理并使之可传播化的生产活动，是基于信息、知识的交流分享为目的的传播活动"。

在媒体融合发展的背景下，出版概念强调"信息、知识的生产与传播"。新形势下，网络出版者生产、传播信息与知识的具体流程可参考图3-1。❷

网络编辑的内涵界定，也应当充分考虑互联网的影响，肯定出版业生产链条具有的巨大张力。笔者认为：概括而言，网络编辑是指依托互联网，在具

---

❶ 陈国平. 网络编辑的角色嬗变与能力进化[J]. 传媒评论，2017（7）：39-41.
❷ 张文红. 出版概论[M]. 北京：高等教育出版社，2017：12.

有网络出版者资格的单位或机构中从事网络信息、知识的生产与传播，面向网络用户群体提供网络出版物及相关服务，以实现社会效益与经济效益的人员。

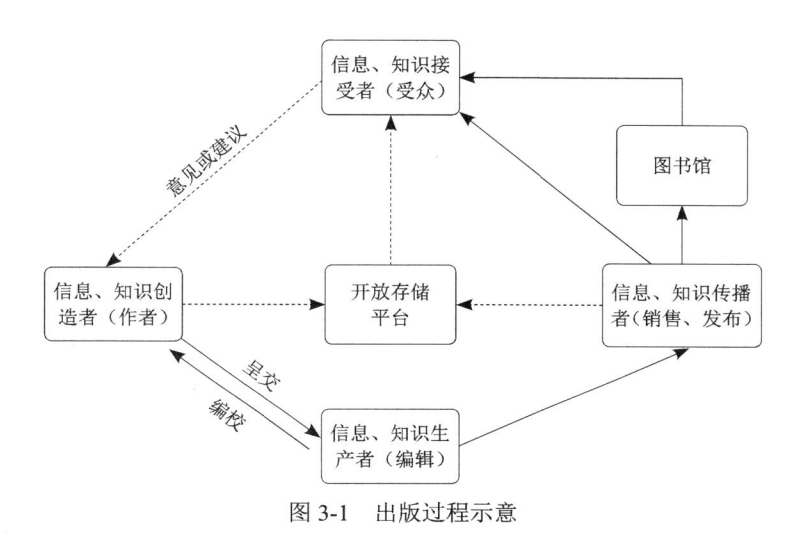

图 3-1　出版过程示意

（二）网络编辑的外延

按照国家新闻出版广电总局及工业和信息化部于 2016 年 2 月 4 日联合发布的第 5 号令，即《网络出版服务管理规定》中的相关界定，网络出版物是指："通过信息网络向公众提供的，具有编辑、制作、加工等出版特征的数字化作品"，其外延主要包括四大类。与之相对应，网络编辑的外延主要包括在具有网络出版者资格的单位或机构中从事以下相关工作的人员："（一）针对文学、艺术、科学等领域内原创数字化作品进行选题策划、稿件资料组织、加工整理修改、校对审核把关、维护发布运营等活动的人员；（二）针对传统出版单位、机构中图书、报纸、期刊、音像制品、电子出版物等作品进行数字化活动的人员；（三）通过选择、编排、汇集等方式，将原创数字化作品或传统出版物的数字化作品制作成网络文献数据库等数字化作品的人员；（四）参与编辑、制作国家新闻出版署或相关管理部门认定的其他类型数字化作品的人员。"

值得注意的是，在《北京市数字编辑专业技术资格制度政策解读》一文中，作者指出："通过数字编辑专业技术资格认证，国家加强了数字出版产业管理，网络编辑也为自己的职业打通了上升的通道。"❶ 应当承认，在国家取消对网络编辑员资格的认定之后，网络编辑通过数字编辑专业技术资格认证是大势所趋。但是，文章中关于"网络编辑的范围只限定于网络新闻和网络文学原创网站。而数字编辑不仅包括网络新闻和网络文学原创网站，还涵盖了网络图书出版、网络视听、游戏、动漫等多个领域"的判断，则无疑在一定程度上窄化了网络编辑的外延。事实上，正如网络出版是数字出版的重要组成部分一样，网络编辑也是数字编辑的重要组成部分，二者之间是种属关系，同属全媒体时代编辑队伍。网络编辑的工作对象、工作内容是非常丰富、不断拓展的，这对网络编辑队伍的职业能力与素养提出了很高的要求。

❶ 李超. 北京市数字编辑专业技术资格制度政策解读 [J]. 科技与出版，2016（7）：4-8.

第四章
全媒体时代网络编辑的知识与能力分析

"知识"的概念一直众说纷纭，与人类认知、实践发展密切相关。在漫长的人类文明进程中，这一概念经历了理性主义、经验主义、实证主义、实用主义、后现代主义等的发展演进。❶张新华、张飞在《"知识"概念及其涵义研究》一文中指出："知识的涵义也许是世界上最具有多面性和不确切性的东西，是人类复杂性和不可预知性的一部分。"❷鲍宗豪在《论无知：一个新的知识域》一文中也认为，"知识是一个不能得到精确定义的名词"❸。众多研究者基于所属不同学科的话语体系，对知识概念的界定存在显著差异：哲学家往往将知识看作经过证明的真信念；经济学家认为，知识是对人类社会生活有用的一切理论、经验和技能等；教育学家则重视知识获得的过程，认为知识是一种经过学习和实践后获得的情感、技能、经验和理论。本书采用商务印书馆1996年版《现代汉语词典》中关于"知识"的第一个释义，即"人们在改造世界的实践中所获得的认识和经验的综合"，关注网络编辑相关知识的职业特征与文化价值。

"能力"一般用于心理学，指的是"顺利完成某些活动所需要的个性心理特征"❹。而在哲学领域，人们在谈到"能力"一词时往往是指"人的综合素质在现实行动中表现出来的正确驾驭某种活动的实际本领，是实现人的价值的

---

❶ 李克建.知识概念的历史演化及其教育内涵[J].天津市教科院学报，2006（3）：7-9.
❷ 张新华，张飞."知识"概念及其涵义研究[J].图书情报工作，2013（6）：49.
❸ 鲍宗豪.论无知：一个新的知识域[M].上海：上海人民出版社，1991：140.
❹ 吴红耘，皮连生.心理学中的能力、知识和技能概念的演变及其教学含义[J].课程·教材·教法，2011，31（11）：108.

一种有效方式，也是社会发展和人生命中的积极力量"。按照美国学者盖力、波尔提出的"整合的能力"概念，"能力与职位或工作角色联系在一起的，胜任一定工作角色所必需的知识、技能、判断力、态度和价值观的整合就是能力"[1]。在此基础上，澳大利亚职业教育专家单德伯格提出了能力形成的情境观，即人的职业能力只能在真实的职业情境中通过实践获得。

在本书中，笔者从网络编辑在具体工作情境中的角色定位入手，系统考察网络编辑员列入国家职业大典前后相关从业人员的知识、技能，并结合十余年来网络编辑专业知识与能力变化，预测未来发展趋向，提出发展对策。

第一节　网络编辑的职业定位及发展演进

在网络编辑员被列入国家职业大典之前，人们对于网络编辑的认识多停留在"网络"+"编辑"的层面，而且多关注于新闻编辑的信息化、网络化转型。2003年，刘娟在其硕士论文《网络编辑及其规律初探》中认为，网络编辑流程中的具体环节包括"作品数字化""作品的甄选""作品的编辑""形式设计""校对""检查测试""发布"等。与之相对应，在网络出版活动中，"网络编辑所负担的工作内容有对网站进行宏观定位、策划组织、选择组织来稿、设计信息表现形式、配置页面内容、写作评论、设计和编辑网页、发布、反馈"[2]。应当承认，论文中对网络编辑工作内容与职责的把握与网络出版基本流程紧密结合，关于网络编辑具有由平面编辑向立体编辑转变、由单媒体编辑向多媒体聚合集成编辑转变、由线性编辑向非线性编辑转变的三大特点总结，以及肯定网络编辑新角色的定位包括信息过滤人、信息经纪人、信息服务人等多重层次，认为诚信、品牌、受众、安全成为网络编辑的新理念等观点，在一定程度上触及网络编辑相较于传统编辑的职业新特点与角色新定位，并有意识地探询、总结网络编辑工作的规律。

---

[1] 吴晓义，杜晓颖.能力概念的多维透视[J].吉林工程技术师范学院学报（社会科学版），2006，22(4)：1-5.
[2] 刘娟.网络编辑及其规律初探[D].开封：河南大学，2003.

2005年3月24日，由劳动和社会保障部在公示的第三批10个新职业名单中，将网络编辑员列入国家职业大典，同时颁布《网络编辑员国家职业标准》，并推出网络编辑职业资格考试。这一事件，在网络编辑队伍建设的历程中具有重要意义。

依据《网络编辑员国家职业标准》，网络编辑的职业等级设置包含网络编辑员（国家职业资格四级）、助理网络编辑师（国家职业资格三级）、网络编辑师（国家职业资格二级）和高级网络编辑师（国家职业资格一级）4个等级。其中，网络编辑员的职业功能主要包括素材采集、内容编辑和内容传输；助理网络编辑师的职业功能主要包括内容编辑、组织互动和网页实现；网络编辑师的职业功能主要包括栏目策划、专题制作和内容编辑与管理；高级网络编辑师的职业功能主要包括频道策划、内容管理和运营管理。国家对网络编辑员实行职业资格认证，要求各级相关从业人员具备申报条件，并通过理论知识考试和专业能力考核鉴定。

谭云明在《网络编辑，引领新媒体大发展》一文中提出："网络编辑是网络媒体的设计师和建设者。网络编辑不仅是技术平台的运用者、操作者，也是信息的人文价值的开掘者。从这个意义上讲，网络编辑不但是新媒体时代的'把关人'，更是一位思想者。"[1]

2016年3月，刘灿姣、王宇在《关于完善我国网络编辑职业资格制度的政策建议》一文中指出，网络编辑不仅生产内容、传播内容，还提供基于内容的各种增值性服务，呈现出"全流程、全媒介、全开放"的工作特点。基于此，该文认为网络编辑的职业定义应该体现网络编辑社会分工特点，即"利用相关专业知识和现代信息技术，面向互联网和移动互联网生产、传播内容及提供内容服务的人员"，并将"网络编辑"职业资格细分为"A类新闻编辑""B类出版编辑"和"C类非新闻出版编辑"[2]。应当承认，上述观点关注到网络编辑职业的具体分工，虽然关于3类职业资格细分还不太成熟。

考察当前网络编辑的职业定位，北京市于2016年开展的数字编辑专业技术资格认证可资借鉴。数字编辑专业资格认证将数字编辑分为数字新闻编辑、

---

[1] 谭云明. 网络编辑，引领新媒体大发展[EB/OL].（2010-04-02）. https://news.qq.com/a/20100402/001769.htm.

[2] 刘灿姣，王宇. 关于完善我国网络编辑执业资格制度的政策建议[J]. 中国出版，2016（5）：13-16.

数字出版编辑、数字视听编辑三个领域，每个领域又细分为内容编辑、技术编辑、运维编辑。专业技术资格及职称等级为：高级编辑（正高级）、主任编辑（副高级）、编辑（中级）、助理编辑（初级）。

综上所述，当前我国网络编辑依托互联网进行知识、信息的生产与传播，在生产、传播网络出版物的同时，还面向用户提供相关服务。因此，有论者将网络编辑称为网络媒体的设计师、建设者和"把关人"，认为其日益呈现出全媒体、全流程、立体化、复合型等专业人才特点。

第二节　列入国家职业大典之前网络编辑的迷茫与困惑

作为全媒体时代知识、信息生产与传播的生力军，网络编辑能力评价的基础无疑是相关职业知识与技能。而伴随着互联网发展及国家对网络编辑员的职业资格认证，相关行业对网络编辑知识与技能的要求及培养，也经历了从自发逐渐走向自觉，从以技术为主逐渐趋向知识、技能并重的过程。

在20世纪90年代中期，传统期刊编辑对于电脑排版系统还不了解。这在殷步九于1995年发表的《面向编辑的电脑排版系统——科技期刊编排发展的必由之路》一文中有鲜明体现："迄今为止，几乎所有新旧排版工艺都是由操作员、排版工来间接完成，这就是造成科技论文编排往返校对的根本原因。"[1]殷步九带领科技人员推出的四通易排全能排版系统，就是要从根本上简化科技期刊编排工作，取消往返校对的重复劳动，"彻底提高期刊编辑的专业性、规范性、准确性、及时性"。笔者看到这篇文章时非常感慨：近些年各种排版软件及相关"黑科技"层出不穷，而在二十多年前电脑排版系统对于大多数期刊编辑人员来说也还是一个新生事物。

事实上，直到20世纪末，我国相关研究者大多还未明确使用"网络编辑"

---

[1] 殷步九. 面向编辑的电脑排版系统——科技期刊编排发展的必由之路[J]. 中国科技期刊研究，1995（3）：33-35.

的概念。在黄彬发表于2000年11月的《论网络编辑人员的新闻职业素质》一文中，虽然标题中有"网络编辑人员"并将"网络编辑"作为关键词，但是作者将网络编辑单纯看作是与传统新闻工作者一样的"新闻传播者的角色"，认为两者的区别主要在于工作方式和工作手段不同[1]。值得肯定的是，该文立足于"第四媒体"兴起的大背景，从内容、形式、经营等层面深入分析基于网络编辑职业素养低而导致的网络传播不正规现象，明确提出"培养一支专业的网络信息编辑队伍意义重大"。

进入21世纪后，戢斗勇在2001年发表的《电子出版与网络编辑学》一文中指出，网络编辑学作为网络电子出版的核心理论，还未得到业界、学界的重视，"目前还是一个尚未分娩的胎儿"[2]。将网络编辑学看作"编辑学在网络中的应用"，戢斗勇倡议出版同时适合网络人员和传统媒体编辑人员的网络编辑学著作。2002年他又针对网络编辑学这一"尚未被开垦的处女地"发表《网络编辑学的建立及学科构想》，提出网络编辑学是与报纸编辑学、期刊编辑学、音像编辑学等相并列的一个编辑学分支，认为网络编辑学的学科体系结构包括理念、技术、业务、文化、管理5个方面。

早期网络编辑们的迷茫与困惑，在董梦云发表于2003年的《一个网络编辑的心声》中可以略见一斑。该文开篇就将网络编辑与"文抄公"相提并论，指出"自从有了互联网之后，这种'天下文章一大抄'更为便利，这时候抄天下文章的人不再被称为'文抄公'，而是有一个很好听的名称，叫作'网络编辑'"，甚至"在某大门户网站做编辑的小崔将网络编辑等同于'文抄公'"。在文章中提及网站老板招聘编辑往往"也考虑找一些在传统媒体工作过，有栏目策划经验、文字编辑经验的人，但是网络和纸张印刷的东西毕竟两回事，网络编辑还涉及网络所特有的技术问题"，可见当时网站对于网络编辑主要看重"栏目策划经验""文字编辑经验"和网络技术方面。针对网站编辑"在别人眼里，只是一些复制、粘贴的功夫"，作者反思当时内容提供商（International Content Provider，ICP）提供的"大部分内容不是本网站编辑或记者原创"，因此难免有"Information Copy & Paste"之称。无论是转载还是摘录，网站编辑

---

[1] 黄彬.论网络编辑人员的新闻职业素质[J].中央民族大学学报，2000（6）：104-108.
[2] 戢斗勇.电子出版与网络编辑学[J].中国电子出版，2001（Z1）：71.

一般每天要做几十条,"网易上海站为 25 条,中华网在 40 条左右"。由于"所有网站的新闻内容都差不多",因此"人们日常阅读的习惯还是到一些较知名的网站,例如新浪、搜狐之类"。❶

综上所述,早期研究者对于网络编辑职业及其从业人员能力的关注,受到特定历史发展阶段局限,大多还停留在现象描述层面,缺乏系统、深入剖析。

第三节 《网络编辑员国家职业标准》相关知识、技能要求

在我国,网络编辑这一职业获得社会承认,始于 2005 年。《中国互联网络发展状况统计报告》显示:截至 2005 年 1 月,我国万维网站点数为 668900 个。据此可估算出我国网络编辑从业人员 300 多万人。❷ 在这一年,网络编辑员作为我国正式发布的第三批新职业之一,被纳入国家职业大典。同年,网络编辑员资格考试也开始在黑龙江等地试点。

一、《网络编辑员国家职业标准》中关于各级从业人员的基本要求

在《网络编辑员国家职业标准》中规定了对相关从业的人员的基本要求,包括职业道德和基础知识两大方面。其中,职业道德又细分为职业道德基本知识和如下两条职业守则:"(1)遵纪守法,尊重知识产权,爱岗敬业,严守新闻出版规定纪律;(2)实事求是,工作认真,尽职尽责,一丝不苟,精益求精,具有团队精神。"

---

❶ 董梦云. 一个网络编辑的心声 [J]. 科学时代,2003(3):32-33.
❷ 网络编辑员需求呈上升趋势 [J]. 新闻前哨,2005(6):56.

至于基础知识，则分为计算机与网络应用知识、编辑基础知识和相关法律法规常识 3 方面共 13 条内容。具体规定如下。

1. 计算机与网络知识

（1）计算机硬件基本知识。

（2）计算机软件基本知识。

（3）计算机网络基本知识。

（4）互联网基本知识。

2. 编辑基础知识

（1）现代汉语基本知识。

（2）数字与单位使用规范。

（3）名称表达规范。

（4）文章修改与校对基本知识。

3. 相关法律法规常识

（1）《中华人民共和国劳动法》的相关知识。

（2）《中华人民共和国著作权法》实施条例的相关知识。

（3）互联网信息服务管理办法的相关知识。

（4）互联网从事登载新闻业务管理暂行规定的相关知识。

（5）计算机信息网络国际联网管理暂行规定的相关知识。

二、《网络编辑员国家职业标准》关于各级从业人员的工作要求

依据《网络编辑员国家职业标准》，对于网络编辑员、助理网络编辑师、网络编辑师和高级网络编辑师 4 个等级相关的工作人员，相关从业技能要求是"依次递进，高级别涵盖低级别的要求"。具体而言，各级从业人员的工作要求如下。

（一）网络编辑员

网络编辑员的职业功能主要包括3个方面，即素材采集、内容编辑和内容传输。各方面工作的内容、技能要求和相关知识如下。

1. 素材采集

这方面的工作内容细分为采集现有素材和收集网络素材。

其中，采集现有素材工作对技能要求包括：①能够根据需要选择计算机外围设备；②能够安装外围设备的配套软件；③能够使用扫描仪采集文字材料和图像；④能够利用音频设备采集音频素材；⑤能够使用数码相机、数码摄像机等数字设备采集图片、影像素材；⑥能够使用电子邮件收集信息。相关知识包括4个方面：①扫描仪、数码相机、数码摄像机的使用知识；②计算机外围设备连接知识；③文字、图像、音频、视频采集的基本知识；④文件压缩与解压缩的方法。

网络编辑员收集网络素材，则需要掌握搜索引擎的使用方法这一相关知识，具备如下两方面技能：一是能够使用互联网搜索并保存需要的素材；二是能够收集栏目内的互动信息。

2. 内容编辑

这方面的工作内容主要是素材分类和素材加工。

其中，素材分类需要掌握文件格式知识，技能要求包括能够根据内容属性和文件类型对素材进行分类。

素材加工则需要具备6方面的相关知识及对应的技能，包括掌握文字处理软件、表格处理软件、音频处理软件、图像处理软件、动画处理软件和视频处理软件操作知识，能够使用相关软件进行文字、表格、音频、图像、动画、视频处理。

3. 内容传输

这方面的工作内容主要包括发布系统的使用和其他传输方式的使用。

其中，发布系统的使用要掌握发布系统的基本原理，以及发布系统的稿件入库和传递的操作方法。相关工作技能要求是能够利用发布系统将素材入库，以及能够利用发布系统将素材传递给相关人员。

其他传输方式的使用需要掌握的相关知识包括：局域网使用基础知识；即时通信工具的使用方法；常用传输文件的使用方法。需要具备的技能是利用局域网和互联网传输文件。

（二）助理网络编辑师

助理网络编辑师的职业功能主要包括内容编辑、组织互动和网页实现。

针对内容编辑，助理网络编辑师的工作内容包括信息筛选、内容加工和内容原创三个方面。其中，助理网络编辑师进行信息筛选时要能够根据栏目需要选择有效信息，并对其进行分类整理，因此需要具备的相关知识为：对稿件的价值判断；稿件归类方法；互动信息管理知识。针对内容加工工作，助理网络编辑师要做到能够对信息进行编辑加工，能够根据需要制作标题、内容提要，能够根据需要设置超级链接，因此需要具备的相关知识包括稿件修改知识、标题与内容提要制作知识和超级链接设置要求。为了完成内容原创，助理网络编辑师需要具备新闻采访、写作基本知识和视听语言基本知识，能够根据栏目需要撰写原创性稿件和进行非文字信息的创作或指导创作。

在组织互动层面，助理网络编辑师要能够开展受众调查和进行论坛管理。这两方面工作要求助理网络编辑师掌握受众调查基本知识、论坛管理基本要求及其他互动形式的管理知识，能够确定调查主题、设计调查问卷、分析调查结果，并对论坛内容进行监控、对不良信息进行处理、与论坛成员进行沟通并对论坛成员进行管理。

在网页实现层面，助理网络编辑师需要进行内容发布和网页制作。具体而言，助理网络编辑师要掌握发布系统的稿件发布操作方法、网页制作软件的操作知识和 HTML 语言基础，能够利用发布系统发布页面内容、对已发布的内容进行修改，以及使用一种软件进行网页制作、使用 HTML 语言进行网页修改。

（三）网络编辑师

网络编辑师的职业功能主要包括栏目策划、专题制作和内容编辑与管理。

为了完成栏目策划工作的内容策划，网络编辑师要掌握需求分析基本知识和策划方案撰写知识，能够分析受众需求，对栏目准确定位并提出栏目内容的策划方案。针对栏目策划工作的形式策划，网络编辑师需要掌握信息结构图知识和网页构成基本知识，能够根据策划方案制作信息结构图，并提出栏目相关内容的表现形式。

在专题制作方面，网络编辑师的工作内容主要包括专题策划和专题实施两个方面。其中，专题策划工作要求网络编辑师能够利用专题策划知识进行专题内容策划和形式策划。专题实施工作则要求网络编辑师具备专题实施方法和网络直播知识，能够进行专题内容实施和形式实施。

网络编辑师针对内容编辑与管理职能的工作内容比较复杂，主要包括稿件撰写、内容审核、内容监控和培训与指导四个方面。其中，稿件撰写工作要求网络编辑师掌握评论的撰写方法，根据需要撰写评论。内容审核工作要求网络编辑师具备内容审核相关知识，能够判断栏目内容的价值、正确性和合法性，按程序签发稿件，并定期签发已审阅合格的稿件。内容监控工作要求网络编辑师具备内容监控的相关知识，能够监控已发布的内容，发现并纠正网页中的错误。培训与指导工作则要求网络编辑师掌握培训与指导的基本知识，能够对网络编辑员、助理网络编辑师进行内容编辑、发布系统等方面的培训和指导。

（四）高级网络编辑师

作为网络编辑员队伍中职级最高者，高级网络编辑师的职业功能主要包括频道策划、内容管理和运营管理三个方面。

高级网络编辑师开展频道策划工作的主要内容包括频道内容与形式的规划、调整。这方面的工作要求高级网络编辑师具备市场环境分析与预测知识、网站频道设计知识，能够制定频道内容的策划方案、确定频道内容的表现形式，以及制定频道内容的调整方案和确定频道形式的调整方案。

为了完成内容管理工作，高级网络编辑师需要进行内容与形式总审、内容协调和内容统计分析。其中，上述前两方面工作内容要求高级网络编辑师具备内容管理和频道内容管理制度建设的相关知识，能够判断频道内容的价值、正确性和合法性，对频道形式的规范性进行审核，把握频道的整体风格，以及协调频道内各栏目内容的采集、分类和使用。内容统计分析方面的工作内容则要求高级网络编辑师利用统计分析相关知识，能够根据需要对内容统计提出需求，并对内容统计结果进行分析。

高级网络编辑师还需要进行运营管理，主要包括人员协调和人员培训。为开展人员协调工作，高级网络编辑师要掌握人力资源管理基本知识和公共关系基础知识，能够确定频道人员分工并根据网站工作情况进行人员协调。而人员培训工作则要求高级网络编辑师能够利用职业培训相关知识，制定培训计划，撰写培训大纲，对网络编辑员、助理网络编辑师、网络编辑师进行理论知识培训和现场操作指导。

三、《网络编辑员国家职业标准》中关于从业人员的知识、技能比重要求

《网络编辑员国家职业标准》中关于网络编辑员的从业基本要求包括理论知识与操作技能，并明确规定了各项知识、技能的比重关系。其中，网络编辑员的理论知识要求细化为职业道德、基础知识和相关知识，并根据四个不同等级，为从业人员规定了具体比例。具体要求参见表 4-1。

表 4-1 《网络编辑员国家职业标准》中关于不同等级网络编辑员的理论知识要求占比

项目			网络编辑员占比/%	助理网络编辑师占比/%	网络编辑师占比/%	高级网络编辑师占比/%
基本要求	职业道德		5	5	5	5
	基础知识		20	15	10	10
相关知识	素材采集	采集现有素材	25	—	—	—
		收集网络素材	10	—	—	—
	栏目策划	内容策划	—	—	10	—
		形式策划	—	—	10	—

续表

	项目		网络编辑员占比/%	助理网络编辑师占比/%	网络编辑师占比/%	高级网络编辑师占比/%
相关知识	频道策划	频道内容与形式规划	—	—	—	15
		频道内容与形式调整	—	—	—	10
	内容编辑	素材分类	5	—	—	—
		素材加工	20	—	—	—
		信息筛选	—	10	—	—
		内容加工	—	20	—	—
		内容原创	—	15	—	—
		稿件撰写	—	—	10	—
	专题制作	专题策划	—	—	15	—
		专题实施	—	—	15	—
	内容管理	内容审核	—	—	10	—
		内容监控	—	—	5	—
		内容与形式总审	—	—	—	10
		内容协调	—	—	—	15
		内容统计分析	—	—	—	10
	互动组织	受众调查	—	10	—	—
		论坛管理	—	10	—	—
	网页实现	内容发布	—	5	—	—
		网页制作	—	10	—	—
	内容传输	发布系统的使用	5	—	—	—
		其他传输方式的使用	10	—	—	—
	运营管理	人员协调	—	—	—	10
		人员培训	—	—	10	15
合计			100	100	100	100

注：依据劳动和社会保障部制定的《网络编辑员国家职业标准》，(中国劳动社会保障出版社，2005)相关内容整理。

从表 4-1 的相关数据我们不难发现，《网络编辑员国家职业标准》将网络编辑员、助理网络编辑师、网络编辑师和高级网络编辑师四个等级从业人员的职业道德理论知识占比均设定为 5%；不同等级从业人员的知识要求区别主要体现在基础知识和相关知识两个方面。其中基础知识占比有一定差别：网络编辑员为20%，助理网络编辑为15%，网络编辑师和高级网络编辑师都为10%。

相比较而言，四个等级从业人员的相关知识具体分类及占比则差别明显。具体表现为：

（1）网络编辑员的相关知识包括素材采集、内容编辑和内容传输三类，其中素材采集占比35%，细分为采集现有素材（占比25%）和收集网络素材（占比10%）；内容编辑占比25%，细分为素材分类（占比5%）和素材加工（占比20%）；内容传输占比15%，细分为发布系统的使用（占比5%）和其他传输方式的使用（占比10%）。

（2）助理网络编辑师的相关知识包括内容编辑、互动组织和网页实现三类，其中内容编辑占比45%，细分为信息筛选（占比10%）、内容加工（占比20%）和内容原创（占比15%）；互动组织占比20%，细分为受众调查（占比10%）和论坛管理（占比10%）；网页实现占比15%，细分为内容发布（占比5%）和网页制作（占比10%）。

（3）网络编辑师的相关知识包括栏目策划、内容编辑、专题制作、内容管理和运营管理五类，其中栏目策划占比20%，细分为内容策划（占比10%）和形式策划（占比10%）；内容编辑，主要是稿件撰写，占比10%；专题制作占比30%，细分为专题策划（占比15%）和专题实施（占比15%）；内容管理占比15%，细分为内容审核（占比10%）和内容监控（占比5%）；运营管理，主要是人员培训，占比10%。

（4）高级网络编辑师的相关知识包括频道策划、内容管理和运营管理三类，其中频道策划占比25%，细分为频道内容与形式策划（占比15%）和频道内容与形式调整（占比10%）；内容管理占比35%，细分为内容与形式总审（占比10%）、内容协调（占比15%）和内容统计分析（占比10%）；运营管理占比25%，细分为人员协调（占比10%）和人员培训（占比15%）。

综上所述，按照网络编辑员、助理网络编辑师、网络编辑师和高级网络编辑师4个等级，《网络编辑员国家职业标准》设置了从业人员彼此依存、层层递进的队伍结构：以网络编辑员的工作为基础，助理网络编辑师的相关知识主要用于完成信息筛选、内容加工与原创，以及针对受众的互动组织与网页实现等方面的工作。而网络编辑师与高级网络编辑师的知识结构，则依托于助理网络编辑师前期工作支持，更突出开展栏目策划、专题制作、内容管理、频道策划运营管理等方面工作的需要。

总体而言，《网络编辑员国家职业标准》中对网络编辑员的理论知识要求并不太高。这在一定程度上适应了 21 世纪之初大批网站涌现之际，相关行业对于网络编辑人才的迫切需求。在当时的情况下，网络编辑员知识结构要求主要基于对现有素材及网络素材进行采集、分类、加工、传输等工作内容。

与上述情况类似，网络编辑员 4 个等级从业人员的操作技能要求具体分类及占比则差别也非常明显，见表 4-2。

表 4-2 《网络编辑员国家职业标准》中关于不同等级网络编辑员的操作技能要求占比

项目			网络编辑员占比 /%	助理网络编辑师占比 /%	网络编辑师占比 /%	高级网络编辑师占比 /%
技能要求	采集素材	采集现有素材	25	—	—	—
		收集网络素材	20	—	—	—
	栏目策划	内容策划	—	—	10	—
		形式策划	—	—	15	—
	频道策划	频道内容与形式规划	—	—	—	20
		频道内容与形式调整	—	—	—	15
	内容编辑	素材分类	5	—	—	—
		素材加工	35	—	—	—
		信息筛选	—	10	—	—
		内容加工	—	25	—	—
		内容原创	—	15	—	—
		稿件撰写	—	—	15	—
	专题制作	专题策划	—	—	15	—
		专题实施	—	—	15	—
	内容管理	内容审核	—	—	10	—
		内容监控	—	—	10	—
		内容与形式总审	—	—	—	15
		内容协调	—	—	—	10
		内容统计分析	—	—	—	20

续表

项目			网络编辑员占比/%	助理网络编辑师占比/%	网络编辑师占比/%	高级网络编辑师占比/%
技能要求	互动组织	受众调查	—	5	—	—
		论坛管理	—	10	—	—
	网页实现	内容发布	—	15	—	—
		网页制作	—	20	—	—
	内容传输	发布系统的使用	5	—	—	—
		其他传输方式的使用	10	—	—	—
	运营管理	人员协调	—	—	—	10
		人员培训	—	—	10	10
合计			100	100	100	100

注：依据劳动和社会保障部制定的《网络编辑员国家职业标准》，（中国劳动社会保障出版社，2005）相关内容整理。

由上表中的相关数据可以看出，网络编辑员四个等级从业人员的操作技能要求与理论知识关系密切。具体表现为以下几方面。

（1）网络编辑员的操作技能包括采集素材、内容编辑和内容传输三类，其中采集素材占比45%，细分为采集现有素材（占比25%）和收集网络素材（占比20%）；内容编辑占比40%，细分为素材分类（占比5%）和素材加工（占比35%）；内容传输占比15%，细分为发布系统的使用（占比5%）和其他传输方式的使用（占比10%）。

（2）助理网络编辑师的操作技能包括内容编辑、互动组织和网页实现三类，其中内容编辑占比50%，细分为信息筛选（占比10%）、内容加工（占比25%）和内容原创（占比15%）；互动组织占比15%，细分为受众调查（占比5%）和论坛管理（占比10%）；网页实现占比35%，细分为内容发布（占比15%）和网页制作（占比20%）。

（3）网络编辑师的操作技能包括栏目策划、内容编辑、专题制作、内容管理和运营管理五类，其中栏目策划占比25%，细分为内容策划（占比10%）和形式策划（占比15%）；内容编辑，主要是稿件撰写，占比15%；专题制作占比30%，细分为专题策划（占比15%）和专题实施（占比15%）；内容管理占比20%，细分为内容审核（占比10%）和内容监控（占比10%）；运营管理，主要是人员培训，占比10%。

（4）高级网络编辑师的操作技能包括频道策划、内容管理和运营管理三类，其中频道策划占比35%，细分为频道内容与形式规划（占比20%）和频道内容与形式调整（占比15%）；内容管理占比45%，细分为内容与形式总审（占比15%）、内容协调（占比10%）和内容统计分析（占比20%）；运营管理占比20%，细分为人员协调（占比10%）和人员培训（占比10%）。

笔者列表4-3对比了网络编辑员4个等级从业人员的操作技能要求与理论知识要求的相关数据。

表4-3 《网络编辑员国家职业标准》对不同等级网络编辑员理论知识与操作技能要求占比比较

项目		要求	网络编辑员占比/%	助理网络编辑师占比/%	网络编辑师占比/%	高级网络编辑师占比/%
采集素材	采集现有素材	相关知识	25	—	—	—
		操作技能	25	—	—	—
	收集网络素材	相关知识	10	—	—	—
		操作技能	20	—	—	—
栏目策划	内容策划	相关知识	—	—	10	—
		操作技能	—	—	10	—
	形式策划	相关知识	—	—	10	—
		操作技能	—	—	15	—
频道策划	频道内容与形式规划	相关知识	—	—	—	15
		操作技能	—	—	—	20
	频道内容与形式调整	相关知识	—	—	—	10
		操作技能	—	—	—	15
内容编辑	素材分类	相关知识	5	—	—	—
		操作技能	5	—	—	—
	素材加工	相关知识	20	—	—	—
		操作技能	35	—	—	—
	信息筛选	相关知识	—	10	—	—
		操作技能	—	10	—	—
	内容加工	相关知识	—	20	—	—
		操作技能	—	25	—	—

续表

项目		要求	网络编辑员占比/%	助理网络编辑师占比/%	网络编辑师占比/%	高级网络编辑师占比/%
内容编辑	内容原创	相关知识	—	15	—	—
		操作技能	—	15	—	—
	稿件撰写	相关知识	—	—	10	—
		操作技能	—	—	15	—
专题制作	专题策划	相关知识	—	—	15	—
		操作技能	—	—	15	—
	专题实施	相关知识	—	—	15	—
		操作技能	—	—	15	—
内容管理	内容审核	相关知识	—	—	10	—
		操作技能	—	—	10	—
	内容监控	相关知识	—	—	5	—
		操作技能	—	—	10	—
	内容与形式总审	相关知识	—	—	—	10
		操作技能	—	—	—	15
	内容协调	相关知识	—	—	—	15
		操作技能	—	—	—	10
	内容统计分析	相关知识	—	—	—	10
		操作技能	—	—	—	20
互动组织	受众调查	相关知识	—	10	—	—
		操作技能	—	5	—	—
	论坛管理	相关知识	—	10	—	—
		操作技能	—	10	—	—
网页实现	内容发布	相关知识	—	5	—	—
		操作技能	—	15	—	—
	网页制作	相关知识	—	10	—	—
		操作技能	—	20	—	—
内容传输	发布系统的使用	相关知识	5	—	—	—
		操作技能	5	—	—	—
	其他传输系统的使用	相关知识	10	—	—	—
		操作技能	10	—	—	—

续表

项目		要求	网络编辑员占比 /%	助理网络编辑师占比 /%	网络编辑师占比 /%	高级网络编辑师占比 /%
运营管理	人员协调	相关知识	—	—	—	10
		操作技能	—	—	—	10
	人员培训	相关知识	—	—	10	15
		操作技能	—	—	10	10

注：依据劳动和社会保障部制定的《网络编辑员国家职业标准》，（中国劳动社会保障出版社，2005）相关内容整理。

从表 4-3 中相关数据的对比不难看出，《网络编辑员国家职业标准》主要是从网络编辑员的不同职级入手，依据不同职级从业人员的职业功能、工作内容、相关知识、技能要求等进行分级要求与管理。各职级从业人员的相关知识及操作技能要求区别显著，主要与职业功能、工作内容密切相关。总体而言，从业人员的职级越低，工作中的主动性与能动性越低。例如，网络编辑员采集现有素材与素材加工的技能比重相加高达 60%。

《网络编辑员国家职业标准》中针对网络编辑员、助理网络编辑师、网络编辑师和高级网络编辑师四个级别从业人员初步建立起从业人员队伍结构体系，并通过培训、申报、鉴定等系列程序保障相关人才培养、资格认定。相较于此前大部分网站对网络编辑的自发管理状态，相关行业从这时起可以遵循《网络编辑员国家职业标准》，明确网络编辑知识与技能的分级要求。这有利于互联网企业，特别是中小型互联网企业在普遍性的基础上，尝试建构适应自身发展的人才队伍体系。当然，也应当承认，由于特定历史时期诸多因素影响，这一体系未能充分考虑不同网站类型及相关岗位设置对各级从业人员的差异化要求。

2007 年 10 月，谭云明在新闻传媒与社会发展论坛上发表《试析我国网络编辑职业资格认证制度》，肯定实施网络编辑职业资格认证制度是解决中国网络编辑人才短缺及诸多现实隐忧的有效途径之一，认为"这一举措将有助于网络编辑人才的培养，也有助于网络编辑的职业化"[1]。但是，文章也指出："在

---

[1] 谭云明. 试析我国网络编辑职业资格认证制度 [M]// 郑保卫. 中国新闻业发展现状与趋势. 北京：经济日报出版社，2008：303-311.

现阶段，要实施好网络编辑职业资格认证制度，需要政府、行业组织及从事网络编辑工作的个人等多方面共同努力。同时，在充分了解网络编辑特点，尊重网络编辑规律前提下，强化网络编辑的职业素养和技能训练，积极引导网络编辑进行职业生涯规划，也是有必要的。"

2008 年 7 月，《现代电子技术》刊登的《上海网络编辑员 7 月开始试培训》一文指出："上海有关政府部门和行业协会将就此次开展网络编辑国家职业资格证书培训鉴定的契机，进一步率先推出对上海网络编辑人员实施注册管理和持证上岗制度。"在上海，网络编辑国家职业资格证书培训鉴定主要面向从事网络媒体编辑工作的在职人员，以及相关专业毕业有意从事网络编辑职业的非在职人员，并陆续开放培训。网络编辑职业从业人员包括在互联网站、企业或其他社会机构内部网站、电子出版物编辑单位从事内容策划、素材采集管理、内容编辑、内容制作、内容管理、编辑团队管理等工作的人员。

第四节　网络编辑知识与能力的发展趋向及对策

在 2005 年网络编辑员被列入国家职业大典之前，网络编辑队伍建设基本上是一种自发状态，网络编辑大多是从图书、报纸、期刊等传统纸质媒体转型的"跨界"编辑、记者，以及网站维护人员。当时，除了少量大型门户网站针对网络编辑设置了较为具体的岗位及管理规范之外，大多数网站聘用网络编辑主要是用于建设、维护网站，对从业人员缺乏职业发展系统规划。伴随着《网络编辑员国家职业标准》十余年的发展，我国网络编辑行业的从业人员已经从最初多为"跨界"人员、低门槛、专业性差，逐渐转变为人员加强规范化、可持续发展。尽管 2016 年国家取消了网络编辑员资格认定，但同年北京市就推动建立数字编辑专业技术资格评价制度，已初步适应全媒体时代发展需求，建成门类齐全、岗位职责明确、多维立体的复合型人才队伍。笔者认为，未来我国网络编辑的发展，将与网络出版流程再造相结合，进一步强化从业人员的主体性与创造性，培养其基于互联网思维的市场调研、选题策划、内容生产、品牌营销、互动传播及个性化定制服务等全流程、多层面的知识与技能。

一、分层分类，满足行业发展及受众多层次需求

在前文中，笔者曾分析过董梦云发表于2003年的《一个网络编辑的心声》一文。在文章末，"热情未冷"的网络编辑"小崔"希望"网站的老板在正确的思想指导下，不要为节省经营成本而只让网络编辑复制、粘贴内容，而是认真建立一支采访、编辑和作者队伍，新闻网站和门户网站的新闻频道也能够得到与传统报刊同等的地位"[1]。这反映出当时网络编辑从业人员基于与传统报刊"分庭抗礼"考虑，关于队伍建设、网络新闻编辑业务等方面的自发思考。

2006年，刘世英、刘国云、贾娟娟编著的《网络时代的宠儿网络编辑人员必读》由中国时代经济出版社出版。该书针对网络编辑相较于纸质媒体、广播从业人员的职业新特点，侧重于网络编辑的技能要求，着重介绍相关编辑工作技巧。与之相似，孙炯于2012年在《成才与就业》上发表的《网络编辑员的职业发展攻略》中认为："网络编辑员的主要工作内容为：对素材进行采集、分类和加工；对稿件内容进行编辑加工、审核及监控；运用信息发布系统或相关软件进行网页制作；组织网上调查及论坛管理；撰写稿件，进行网站专题、栏目、频道的策划及实施等。"在作者看来，网络编辑员的准入门槛不高，因为网络编辑员的工作内容"并不要求同时精通网络和编辑，但需要两样都会一些，也就是所谓的'杂家'"。基于此，不仅编辑出版学、计算机应用、新闻学等相关专业的毕业生，一些非相关专业"但文字表达和沟通能力良好，具备基础的网络和计算机知识，打字速度快，有相当于高考水平的英语阅读能力"的人也能够从事网络编辑员工作。

伴随着我国互联网络的迅猛发展，新闻网站、文学网站、财经网站、体育网站等各类网站如雨后春笋般大量涌现，这对网络编辑队伍建设提出了多样性、专业化等要求。为适应行业与受众需求的发展变化，网络编辑的工作内容与职能逐渐拓展，分级分类针对细分市场，在专业信息采集、整理与评价的基

---

[1] 董梦云. 一个网络编辑的心声[J]. 科学时代，2003（3）：32-33.

础上，应系统推进选题策划、内容生产与传播，为世界范围内的受众提供个性化定制服务与互动。按照北京市数字编辑高级专业技术资格评价体系，数字编辑涵盖数字新闻编辑、数字出版编辑和数字视听编辑等三大领域，每个领域又具体分为内容编辑、技术编辑和运维编辑。借鉴这一体系，网络编辑的人才队伍也可以按照包括网络新闻、网络文学、网络视听和内容、技术、运维，形成"三纵三横"的9个细分方向，见表4-4。

表4-4　网络编辑的人才队伍结构

网站类型	工作职能		
	内容编辑	技术编辑	运维编辑
新闻网站	新闻网站内容编辑	新闻网站技术编辑	新闻网站运维编辑
文学网站	文学网站内容编辑	文学网站技术编辑	文学网站运维编辑
生活网站	生活网站内容编辑	生活网站技术编辑	生活网站运维编辑

2018年7月，卢金燕主编的《网络编辑实务项目教程》在西安电子科技大学出版社出版。该书主要内容包括文稿编辑、网络多媒体编辑、网络频道与栏目设计、网络专题策划、网络互动管理及网络平台建设6个项目，每个项目又下辖概要、知识、任务、总结四个模块。该书还有两个附录，内容包括网络编辑职业素养及相关法律法规知识。该书内容简介中申明，"以实现人才培养与企业岗位需求适应对接为宗旨，从网络编辑人员必备的职业素质和专业技能出发，全面系统地介绍了网络编辑相关理论及其实际应用""具有很强的实用性、职业性和适应性""既可以作为普通高等院校电子商务、网络传播、市场营销、经济贸易、工商管理等相关专业的教材，也可作为电子商务工作者、企业管理人员和营销人员的参考用书"。可见，与《网络编辑员国家职业标准》相比，当前网络编辑的工作内容与职能都有了较大拓展。

2020年春，新冠疫情突然暴发，以新华网、人民网、央视网、中国网、澎湃新闻、凤凰资讯等为代表的主流新闻网站自觉站在疫情防控舆论引导前沿，在维护国家政治稳定与公共卫生安全方面发挥了重要作用，为防疫工作的有序开展提供了有力保障。疫情期间，不少网络编辑夜以继日，及时关注疫情变化，探索融合多种媒体新技术、新形式，积极宣传国家及各级政府的抗疫政策与举措，通过多种形式讴歌抗疫英雄人物，向民众普及疫情防控知识。但是，也有部分网络编辑受经济利益驱动，为了吸引网民关注和提升流量，无视疫情防控的严峻形势，利用频繁出现的公共事件传播虚假信息，甚至制造谣言，引发民众恐慌。上述现象从正反两面凸显出网络编辑职能拓展、素养提升的必要性与紧迫性，为相关研究提出了新课题。

网络编辑肩负着传播网络信息知识、稳定社会舆论、建设网络文化等重任，应自觉强化政治理论学习，探索应用新兴科学技术，创新传播内容与形式，切实把握网络传播话语权。

二、适应出版传媒产业变革，提升知识服务水平

早在 2009 年，胡誉耀在《网络编辑的知识导航职能》一文中就提出，网络编辑应强调知识服务思想的体现，在知识逻辑层面综合利用技术手段与人文途径，动态、灵活地"将用户的知识需求与信息的分布配置结合起来"，通过推介、交互、沟通等方式达到两者的充分配合，以最大限度"挖掘信息资源的价值和效能"。在图 4-1 中，胡誉耀形象化地揭示出网络编辑整合多元化信息来源，为网络用户提供个性化知识导航的重要作用，目前仍有一定启示意义。❶

三、树立"互联网+"思维，建设文化传播主阵地

2005 年 11 月 8 日是第 6 个记者节，3 位网络新闻人员被授予"全国优秀新闻工作者"的称号。在 2005 年的普利策奖中，网络报纸突破公共服务奖项获得了其他新闻奖项的提名，这在普利策奖历史上是首次，引起社会广泛关注。

随着网络媒体的发展，网络编辑的地位日益受到重视，网络编辑的创造性职业特点也日益受到关注。在借鉴前人研究成果的基础上，笔者认为：依托互联网载体，从属于具有合法地位的网络出版机构或单位，网络编辑通过传统出版物数字化及原创数字化作品等多种形式进行文化传播，岗位职能与分工明确，为受众提供便捷、及时的知识文化服务。

---

❶ 胡誉耀. 网络编辑的知识导航功能 [J]. 图书馆学研究，2009（8）：72-76.

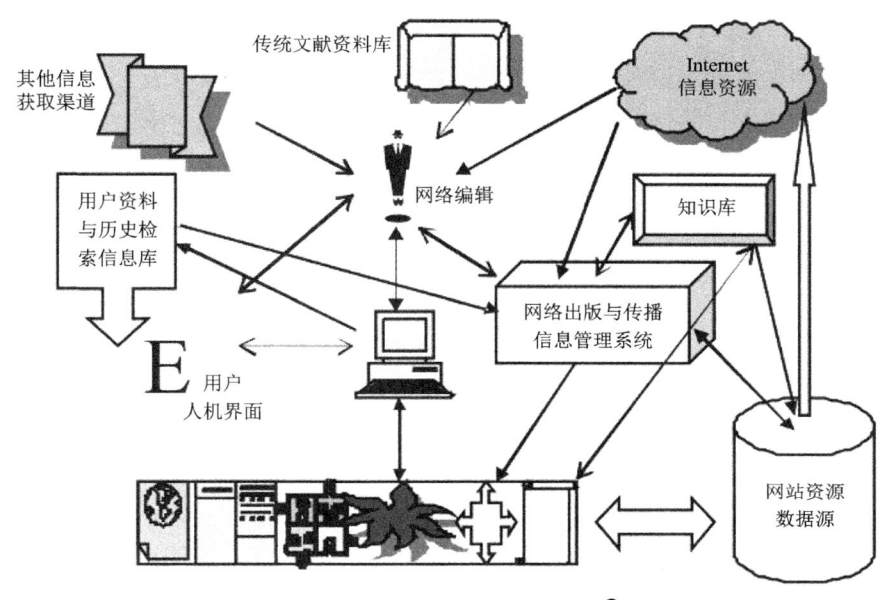

图 4-1　网络信息导航系统框架❶

中国编辑学会在 2011 年的第 15 届年会上发布了《强化编辑规范推进编辑创新 更加自觉主动地为文化大发展大繁荣提供服务》，明确提出"大编辑"概念，即为了适应编辑工作的发展，"编辑"一词的含义日益丰富，编辑规范也要相应地丰富化。正如邵益文、周蔚华所指出的：适应形势发展变化，应当在"大文化、大媒体、大编辑"的视角下研究编辑理论与编辑实践。❷ 新时代"大编辑"不仅包括传统编辑，也应当包括网络编辑、新媒体编辑等。

正如邓丽娟、郭建华在《"互联网+"时代网络编辑工作发展趋势》中指出的，与传统编辑相比，网络编辑的工作存在着更高的责任与风险。❸ 网络编辑常常会转载、重组基于网络传播的二手资料，或者在原创内容中引证相关观点、数据，由于真实性、准确性、规范性不易把握，很容易出现虚假信息、以讹传讹等问题。而身处人人都有机会发声的全民网络时代，网民可以匿名发言，"意见领袖"往往左右舆情，网络编辑在传播过程中常常会遇到形势反转，情况严重时还可能遭遇网民反对、"人肉"搜索或受到行政处罚等。因此，随

---

❶ 胡誉耀.网络编辑的知识导航功能 [J]. 图书馆学研究，2009（8）：72-76.
❷ 邵益文，周蔚华.普通编辑学 [M].北京：中国人民大学出版社，2011：5-6.
❸ 邓丽娟，郭建华.互联网+时代网络编辑工作发展趋势 [J]. 传媒论坛，2020（7）：72.

着网络技术的发展，网络编辑不仅要掌握超文本、超链接、多媒体等编辑技能，更重要的是立足要强化创新能力，善于分析互联网传播链条中特定受众群体的构成及需求，与之开展密切的出版互动，有意识地围绕文化传播、文化传承与文化创新系统推进策划、组稿、审读、加工、传播等工作。换句话说，网络编辑要以人民为中心，从中华民族优秀传统文化、革命文化与社会主义先进文化中找寻专业编辑工作根植的土壤。

随着互联网信息技术的快速发展，网络新闻编辑不再绝对依赖实地采访，一些图片信息与数据信息就可以真实地反映出社会现状，即便是采用实际采访的方式来获取信息，也需要根据网上的信息数据进行判断，所以"互联网+"时代具有"眼见不一定为实，道听不一定为假"的特点，若要保证网络新闻信息的真实性，网络新闻编辑需要努力提升自身的甄别能力，提升新闻编辑的质量，切忌以新闻编辑工作者的个人主观臆想来编辑新闻，要努力发掘网络新闻的深度，拥有过人的洞察力和观察力，获得关键新闻点。❶

---

❶ 朱进."互联网+"形势下网络编辑能力的提升[J].记者摇篮，2020（3）：52-53.

第五章
全媒体时代网络编辑应具备的基本素养

在《现代汉语词典》中，"素养"被界定为"平日的修养"。哈佛大学的罗恩·理查德认为，素养是一种具有主观能动性的后天行为模式，包含特定情境发展过程中的各类行为，激励、激发与引导能力的发展。亚瑟·L.科斯塔和贝纳·卡利克著，滕梅芳译的《什么是素养？》一书中肯定素养"指的是思维素养"，即"特定智力行为模式的倾向"。❶

　　本章立足于新时代网络出版的发展，尝试从政治理论与情感意志、职业道德与专业素养、文化涵养与创新服务意识、版权意识与法制观念等层面入手，深入探讨网络编辑应具备的基本素养。

第一节　网络编辑的政治理论素养与情感意志

　　当前，中国的互联网络发展与国际接轨，在包括5G、智能化聚合平台建设等方面更是引领世界潮流。与网民的个性化、碎片化、社交化、移动化等阅读趋向相适应，近年来众多网络出版机构的定制服务、公众号运营、虚拟社区建设等发展风生水起。但与此同时，虚假新闻、网络谣言、网络暴力、网络色情、网络诈骗、网络低俗化等问题也引发社会各界广泛关注。

---

❶ 亚瑟·L.科斯塔，贝纳·卡利克.什么是素养？[J].滕梅芳，译.数字教育，2018（3）：79-86.

在这种形势下，网络编辑需要努力提升政治理论素养，强化情感意志，自觉抵制互联网络发展过程中的各种诱惑，把握互联网传播规律，配套硬软件设施建设，优化工作运行机制，提高选题策划、信息采集、审稿、编辑加工、发稿等环节的智能化水平，对相关领域网络内容的生产与传播进行全方位把控。正因为如此，有论者指出："网络编辑的政治素质是网络媒体健康发展的重要导向，毫不夸张地说，政治敏感性是网络编辑职业素养的核心，传播的内容必须符合社会主义核心价值观，能够弘扬社会的正气，传播正能量，引导读者从新闻报道中获取有益身心的内容。"[1]

一、加强政治理论学习，强化导向意识，把稳舆论之舵

网络编辑作为编辑队伍的重要组成部分，在全媒体时代网络内容的生产与传播过程中发挥着重要作用。适应国际国内形势变化，网络编辑当前尤其需要拓展全球化视野，结合构建人类命运共同体和"一带一路"倡议发展理念，以习近平新时代中国特色社会主义思想为指导，强化政治理论学习，反映理论与实践创新成果，增强民族复兴的理想信念。

当前，互联网络的发展已经改变了全世界各国人民的生产生活方式，并日益成为跨越时空的重要信息、知识生产与传播平台。几十年来，我国网络出版发展取得了巨大成就，但同时也存在一些问题。进入新时代，网络编辑要自觉担负起传承中华民族文化的重任，以习近平在全国宣传工作会议、新闻舆论工作座谈会网络安全和信息化工作座谈会、文艺工作座谈会、哲学社会科学工作座谈会上的系列讲话为指导，全面提升自身的政治意识、大局意识、法律意识和"红线意识"，严格遵守法律法规，把净化网络文化环境、提升网络安全、推动网络健康有序发展作为头等大事。

网络编辑要坚持树立"红线"意识，明确编辑工作中不可逾越的红线，确保网络出版物不得含有以下内容：①反对宪法确定的基本原则的；②危害国家统一、主权和领土完整的；③泄露国家秘密、危害国家安全或者损害国家荣誉和利益的；④煽动民族仇恨、民族歧视，破坏民族团结，或者侵害民族风

---

[1] 李新新. 新时代网络编辑现状及职业素养初探 [J]. 北京印刷学院学报，2019（7）：38-39.

俗、习惯的；⑤宣扬邪教、迷信的；⑥散布谣言，扰乱社会秩序，破坏社会稳定的；⑦宣扬淫秽、色情、赌博、暴力或者教唆犯罪的；⑧侮辱或者诽谤他人，侵害他人合法权益的；⑨危害社会公德或者民族优秀文化传统的；⑩有法律、行政法规和国家规定禁止的其他内容。

依据《网络出版服务管理规定》《中华人民共和国网络安全法》《互联网新闻信息服务管理规定》《互联网新闻信息服务许可管理实施细则》《互联网信息内容管理行政执法程序规定》《关于规范网络转载版权秩序的通知》《关于加强网络文学作品版权管理的通知》《关于推动网络文学健康发展的指导意见》《关于移动游戏出版服务管理的通知》等法律法规，要落实重大选题备案制度，保护广大网民尤其是未成年网民的权益。

近年来，我国的网民群体越来越庞大，青少年网民的低龄化趋势引人注目。依据 CNNIC 发布的第 45 次《中国互联网络发展状况统计报告》相关数据，我国网民规模达到 9.04 亿，居世界各国首位。2020 年 5 月 13 日，共青团中央维护青少年权益部、CNNIC 联合发布《2019 年全国未成年人互联网使用情况研究报告》。相关数据显示：2019 年我国未成年网民规模为 1.75 亿；未成年人互联网普及率为 93.1%；手机是未成年人使用最多的上网工具，学习、听音乐、玩游戏位列上网活动的前三位。值得注意的是，互联网在学龄前儿童中的使用率达到 32.9%。未成年人将互联网看作：认识世界的窗口（占比为 67.1%）；日常学习的助手（占比为 66.1%）；娱乐放松的途径（占比为 59.3%）；便利生活的工具（占比为 53.1%）；认识朋友的渠道（占比为 36.5%）；自我表达的空间（占比为 18.8%）。❶ 可见，随着青少年使用互联网络的规模、频率逐渐增加，网络内容对未成年人的影响日益扩大。

由于个别网站片面追求经济效益、把关不严，发布一些存在低俗倾向、导向偏差、色情暴力的网络内容，极易对未成年读者产生负面影响。此外，有些网民将上网随意发表一些议论当作每日茶余饭后的习惯动作，并通过发表激进、极端言论来吸引关注与点赞，此类网络不良信息也成为威胁青少年网络安全的重要因素。面对上述不良倾向，网络编辑不应为了经济收益而人云亦

---

❶ 中华人民共和国国家互联网信息办公室.《2019 年全国未成年人互联网使用情况研究报告》发布 [EB/OL].（2020-05-13）. http://www.cac.gov.cn/2020-05/13/c_1590919071365700.htm.

云，而应依据《出版管理条例》《网络出版服务管理规定》《中华人民共和国网络安全法》《中华人民共和国预防未成年人犯罪法》《中华人民共和国未成年人保护法》《儿童个人信息网络保护规定》《网络生态治理规定》《未成年人网络保护条例》等法律法规，着力加强正面引导。

面对种种压力和诱惑，网络编辑既要关注社会效益，又不能不关注经济效益。在这种情况下，相关从业人员的理论素养与水平，往往会影响其对具体网络内容的选题策划、文稿审读、编辑加工与传播效果。站在互联网络出版传播的潮头，网络编辑必须提升自身的理论素养，明确我国现阶段党和国家的基本路线、方针和政策，在情感上认同、在工作中践行社会主义核心价值观。

二、提升政治敏感度，善用信息传播话语权

2020年初，一场突如其来的新冠疫情在全球迅速蔓延。在疫情防控期间，某些网络平台发布虚假新闻，传播网络谣言，造成恶劣影响。追根溯源，这些乱象与网络编辑的政治理论素养不足密切相关。在《疫情防控中网络虚假信息传播及治理研究》[1]与《疫情防控时期网络谣言的传播及其治理》[2]两篇文章中，作者列举了新冠疫情暴发后的诸多网络虚假信息及谣言。

这些与新冠疫情相伴随的虚假信息，往往通过哗众取宠、夸大其词的标题吸引受众的注意力，并断章取义式地进行所谓数据"解读/解析"，激发部分用户的猎奇心理甚至极端情绪，从而增加网络流量，实现网络刷屏。疫情防控期间出现的这些不良现象，反映出部分网站和网络编辑在商业化的发展模式下片面追求经济效益，把关不严等不良倾向。这也为网络编辑敲响警钟，如果在重要时期、关键性事件中缺乏应有的政治立场与政治敏感度，会引发严重后果。

新冠疫情为各国带来了经济、政治等方面的巨大影响。疫情变化复杂，面临严峻局势，党和国家带领全国人民同心协力，取得疫情防控阻击战重大战略成果，彰显了党的领导和社会主义制度的显著政治优势。

---

[1] 张玮，耿燕，康凌宇. 疫情防控中网络虚假信息传播与治理研究 [J]. 新闻与写作，2020（6）：101-103.
[2] 郭群英，汪妮，贾甜. 疫情防控时期网络谣言的传播及其治理 [J]. 山东干部函授大学学报，2020（4:）：20-25.

网络编辑要自觉加强政治理论学习，全面把握、深入认识现阶段党和国家在疫情防控方面做出的决策和努力，明确面对重大突发事件，坚决维护党中央权威和集中统一领导是保障我国政治稳定、社会和谐的根本，做好针对网民的舆论宣传与引导，凝聚民众同心同德做好疫情防控。

三、强化使命担当，弘扬主旋律，传播正能量

习近平曾指出："我们正在进行具有许多新的历史特点的伟大斗争，面临的挑战和困难前所未有，必须坚持和巩固壮大主流思想舆论，弘扬主旋律，传播正能量，激发全社会团结奋进的强大力量。"❶当前，不同意识形态都非常重视互联网宣传空间。以人民网、新华网等为代表的主流媒体，在习近平新时代中国特色社会主义思想的指导下，激发、引导网络编辑贯彻以人民为中心的思想，面对疫情有意识地把宣传工作同服务群众、教育群众相结合，充分利用资源优势，采用丰富多样的表现形式，大量报道人民群众中涌现出的先进典型和感人事迹，进行爱国主义、集体主义、社会主义和民族团结教育，提高舆论引导能力，构建网络良性发展生态。

无论是哪种类型的网站，网络编辑的工作都涉及思想、文化、知识、信息的生产与传播，因此都有一定的倾向性。按照社会主义初级阶段的发展规划，现在正是实现"两个一百年"目标的关键时期。网络编辑应当坚持正确的价值导向，引导网民们见证、反映中华民族的伟大复兴历程。面对这一历史进程中存在的问题和不足，要努力分析、解决。尤其是在疫情防控期间，部分人群由于生活受到严重影响而滋生消极甚至极端情绪，网络编辑有责任与义务予以正面引导与帮助，而非进行片面或夸大反映。

第二节 网络编辑的职业道德与专业素养

总体而言，我国网络编辑队伍的职业道德与专业素养亟待加强。在《网

---

❶ 习近平. 论党的宣传思想工作 [M]. 北京：中央文献出版社，2020：16.

络编辑员国家职业标准》中，针对不同等级从业人员的知识与技能要求中都包含职业道德，在理论知识基本要求中各占 5% 的比例。可见，对于网络编辑来说，职业道德是非常重要的。近年来，部分网络编辑片面追求经济效益，在网络出版物的生产与传播过程中未能将社会效益放在首位，进行严格审鉴，一定程度上影响了网络编辑队伍的整体水平。特别是某些网络出版商受经济利益驱动，对点击率、排行榜、更新率过度重视，导致其网站的网络编辑降低职业要求，从而使出版物格调低下。

一、明确职业定位，坚持将社会效益放在首位

我国的网络出版业是社会文化事业的有机组成部分，在社会主义市场经济体制下也具有文化产业性。网络出版业的双重属性决定了网络编辑势必面临着社会效益与经济效益之间的矛盾，这就要求网络编辑要自觉提升政治理论素养，增强职业道德，努力实现社会效益与经济效益的对立统一。网络编辑的职业道德与专业素养密切相关，两者相辅相成。

作为网络出版业的从业人员，网络编辑担负着知识、信息网络生产与传播的重任。某些从业人员在商业化的大潮中迷失了自我，以对经济效益的追逐取代实现双效益的目标。近年来，国家相关管理部门加大了管理、监督力度，网络编辑要明确自身的职业定位与使命、责任，在实际工作中要重视内容把关，强化市场意识与服务意识，综合考量所属网站性质与受众需求，优化工作流程，从真实性、导向性、时效性、艺术性、独特性、创新性、规范性等方面入手，加强针对网络出版物的审鉴、评价、选择、加工与编排，杜绝违法违规作品传播。

值得注意的是，与新闻类、生活类等网站不同，文学类网站由于作品题材多样、内容丰富，作者构成复杂、层次不一，网络编辑需要重视对作品反映出的政治导向和价值观、人生观、世界观以及审美趣味、艺术水准等进行严格把关，尤其要做好对未成年读者的保护。

二、激发职业认同感，强化把关意识，固守职业道德底线

如前所述，与传统编辑相比，网络编辑职业在诞生之初，往往被部分网民看作"文抄公"而饱受诟病。这一方面是由于当时网站的受众及传播效果要略逊于传统报刊；另一方面则是因为传统报刊记者要采写独家文章，而网络编辑往往缺乏独创性。随着互联网的普及，受众的阅读习惯发生了巨大变化，越来越多的网民借助网络平台进行数字阅读。网络编辑的地位也有所上升，主体性与能动性逐渐被激发出来。

随着全媒体时代的来临，网络编辑在人类文明积累传承过程中的重要作用日益凸显，职业操守显得尤为重要。无论具体岗位如何，网络编辑都担负着社会文化生产与传播的崇高使命与责任。只有从内心深处认同网络编辑职业，将之看作自己热爱的事业而非仅仅是谋生工具，从业人员才能秉持职业道德，激发并保持较高的工作热情和敬业精神，遵守相关法律法规，抵制种种诱惑，自觉克服工作压力，为受众提供更多的优质网络出版物。

随着网络媒体，特别是自媒体的迅猛发展，进一步强化了大量网民作为信息发布者、传播者的作用。网络编辑面对海量信息，在筛选、评价、创新、传播等过程中面临的压力日渐增大，因此更要时时谨慎，处处严格把关，在确保网站内容发布的真实性与导向性、规范性的基础上，努力提升网络出版物的时效性、艺术性、独特性和创新性。

三、强化"互联网+"思维，保持职业判断力

2015年7月1日，《国务院关于积极推进"互联网+"行动的指导意见》印发实施。多年来，伴随着以互联网为代表的新一代信息技术与各行各业的深度融合发展，"互联网+"行动的跨界复合、融通、创新等影响逐渐拓展到国家乃至世界的政治、经济、文化等各个方面。

作为依托互联网发展的新兴职业群体，我国数以百万计的网络编辑对云计算、大数据、物联网、移动互联网等信息技术前沿的了解与应用，所谓"近

水楼台先得月",在诸多行业从业人员中无疑是有一定代表性的。近年来,随着网络安全上升为国家战略,相关管理部门逐步建立健全网络出版物监管制度,互联网企业也日益重视网络编辑队伍建设。在一定程度上,"互联网+"思维意味着网络编辑自我认知与认知社会的新型思维方式、思维向度。网络编辑应当认真学习《国务院关于积极推进"互联网+"行动的指导意见》,全面了解互联网与创业创新、协同制造、现代农业、智慧能源、普惠金融、益民服务、高效物流、电子商务、便捷交通、绿色生态、人工智能11个领域的融合发展重点行动,拓展视野,及时发现热点,并完成相关网络内容的策划、审鉴、创作、发布与运营,满足受众需求,向社会传播正能量。网络编辑可以通过入职培训、行业培训、专题培训等方式,结合与同事的协同工作及自我学习提升专业素养,结合"互联网+"行动,系统思考新形势下人们生产生活、消费方式、阅读习惯等方面的根本性改变,充分发挥网络编辑工作在社会政治、经济与文化发展中的重要作用。

四、及时更新知识结构,重视网络出版物多层次、立体化呈现效果

与传统媒体不同,网络编辑职业产生之初入职门槛较低,从业人员一般比较年轻,学历不高,编辑经验较为缺乏。随着国家相关政策法规的相继出台,尤其是2005年网络编辑员被纳入职业大典、《网络编辑员国家职业标准》的实施,网络编辑队伍建设取得了较大进展。

从目前人民网、搜狐、新浪、17K小说网等大型网站招聘网络编辑的岗位及要求来看,网络编辑职业分工日益细化,岗位职责明确,发展空间较大。以笔者2020年7月对搜狐网、新浪网与17K小说网发布的相关招聘信息调查为例,搜狐网针对不同地区招聘南京-视频策划编辑、主编(文旅地产方向)、财经主编-房产业务线、Push运营主管/主编、直播内容策划(主编/编导/制片)、直播项目运营(商业化和活动方向)、网站编辑-昆明-房产业务线等;新浪网招聘包括内容审核编辑、监控编辑、要闻编辑、内容安全策略运营、用户运营项目经理、数码编辑、港股编辑等;17K小说网将相关人才分为编辑、品

牌、开发、产品、运营等几大类，其中技术方向和产品方向有招聘需求，前者包括架构师和JAVA开发工程师，后者为产品经理。

概括而言，网络编辑应当持续关注网络出版及相关专业理论实践发展前沿，按照了解行业发展、通晓专业领域的原则，及时更新知识结构，贴近社会及受众需求。网络编辑应该结合特定历史时期国内外的政治、经济、文化发展状况，深入了解本领域的作者群体及读者群体结构，针对网民的多层次、个性化需求，及时补充包括计算机技术、社会学、经济学、史学、文学及写作等多方面知识，整合相关资源，进行多媒体、复合化呈现。

综上所述，网络编辑必须在工作中贯彻以人民为中心的基本理念，努力提升自身职业道德与专业素养，将社会效益放在首位，以网络出版物为抓手，坚持正确价值导向，秉持社会文化责任感，保持职业敏感，与时俱进做好职业规划。

第三节　网络编辑的文化涵养与创新服务意识

2011年10月18日，中国共产党第十七届中央委员会第六次全体会议通过了《中共中央关于深化文化体制改革推动社会主义文化大发展大繁荣若干重大问题的决定》。这是中国加强社会主义文化建设的重要标志与里程碑。此后，党和国家通过了一系列政策和举措，有效推进了文化体制改革，强化了社会主义文化建设与发展。

新时代，中国社会的主要矛盾是人民日益增长的美好生活需要和不平衡不充分的发展之间的矛盾，为了解决这一矛盾必须加强文化建设。党的十九大报告明确指出："文化是一个国家、一个民族的灵魂。文化兴国运兴，文化强民族强。没有高度的文化自信，没有文化的繁荣兴盛，就没有中华民族伟大复兴。"❶

---

❶ 习近平.决胜全面建成小康社会夺取新时代中国特色社会主义伟大胜利[C]//中国共产党第十九次全国代表大会文件汇编.北京：人民出版社，2017：33.

一、立足新时代，深刻认识网络文化建设的重要战略意义

关于网络文化的概念，业界与学界二十余年来一直众说纷纭、莫衷一是。杨谷在《网络文化概念辨析》一文中曾指出，人们关于文化的定义就超过300种，网络文化作为文化的一个子集，内涵和外延都很丰富。他认为针对网络文化，无论是维基百科基于互联网的定义，还是有的学者基于传播学角度的概念界定，都没有充分考虑网络概念的发展演进。在此文中，杨谷认为"网络文化是人们与网络相关的生活、学习、娱乐、工作方式及其产物，网络文化建设与管理的对象，主要是指网络相关活动中的道德伦理、社会行为、语言、文学、艺术等精神活动及有关的产品、服务"❶。

宋元林则肯定网络文化是网络社会的迅速发展催生的新的人类文化形态，是人类在网络文化世界里通过工作、学习、交往、沟通、休闲、娱乐等活动，形成的特殊生活方式及其所反映的价值观念和社会心理等方面的总称。❷

正如美国学者塞缪尔·亨廷顿所指出的："由于现代化的激励，全球政治正沿着文化的界限重构。文化相似的民族和国家走到一起，文化不同的民族和国家则分道扬镳。以意识形态和超级大国关系确定的结盟让位于以文化和文明确定的结盟，重新划分的政治界限越来越与种族、宗教、文明等文化的界限趋于一致，文化共同体正在取代冷战阵营，文明间的断层线正在成为全球政治冲突的中心界限。"❸当前，互联网上的一些负能量信息，也在一定程度上反映出不同文化、不同文明之间日益激烈的碰撞与对抗。网络文化建设关系国家与民族的繁荣昌盛，是中华民族屹立于世界民族之林的重要保障。

近年来，党和国家非常重视文化建设。习近平的《在哲学社会科学工作座谈会上的讲话》中曾强调："党的十八大以来，为加强和改进宣传思想文化工作和理论研究工作，党中央先后召开了全国宣传思想工作会议、文艺工作座谈会、新闻舆论工作座谈会、网络安全和信息化工作座谈会等会议，我在这些

---

❶ 杨谷.网络文化概念辨析[N].光明日报，2007-11-25（04）.
❷ 宋元林.网络文化与人的发展[M].北京：人民出版社，2009：35.
❸ 塞缪尔·亨廷顿.文明的冲突与世界秩序的重建[M].周琪，等，译.北京：新华出版社，2012：105.

类优秀文明成果，从中华民族优秀传统文化、革命文化与社会主义先进文化中汲取养分，并与中国特色社会主义建设实践相结合，才能产生取之不尽、用之不竭的创意与灵感。

四、创新网络内容生产与传播机制，讲好中国故事

新时代，网络对于世界各国政治、经济、文化、社会、生态等的影响日益凸显。由于网络内容的传播跨越国界、超越时空，因此中外网络文化交流的成效在一定程度上影响到中国国家形象的塑造。所谓国家形象，指的是特定国家的历史与现状、国家行为与活动在国际社会和国内民众心目中形成的印象和评价。新中国成立 70 年来，在国际上的政治地位、综合国力和国际竞争力不断提升。❶ 但是，对于中华民族为了建设民主、文明、文明、和谐、美丽的社会主义现代化强国所付出的不懈努力及所取得的巨大成就，世界各国的民众往往被部分别有用心的媒体所误导而导致认识偏差，而且个别中国网民也并不完全了解。

目前，随着中华民族日益走向世界舞台中心，中国与世界各国的文化交流日渐增强。党的十九大报告中明确提出："推进国际传播能力建设，讲好中国故事，展现真实、立体、全面的中国，提高国家文化软实力。"区别于传统媒介，网络内容因其特殊的生产方式与传播方式，对网民的认知行为、价值观念、道德素养等的影响力不容小觑。为了强化对国家形象的塑造与传播，网络编辑要充分认识到网络空间对网民，尤其是年青一代网民的重要意义，了解全球人工智能与信息技术最新动态，创新网络内容生产与传播机制，落实"互联网+"理念，适应网络文化的虚拟化、多元化、大众化趋势，整合优势资源，拓展对于国家社会形态的全媒体、多层次、立体化呈现。

值得注意的是，一些国外敌对势力会借助网络，针对意识形态领域进行思想渗透。这些打着多元化幌子的纷繁复杂的错误思想及思潮等，潜移默化众多网民的价值观、人生观与世界观，对青少年网民的影响尤其深远。网络编辑要想讲好中国故事，必须站稳政治立场，坚持以人民为中心的发展思想，深入

---

❶ 陈金龙. 新中国 70 年国家形象的建构 [N]. 光明日报，2020-09-06（11）.

分析国内外网民需求结构的层次性与可持续性，通过对网络内容的选题策划、审鉴优化、发布运营等方面进行合理引导，综合运用文字、图片、短视频、动漫等形式，打造具有中国气派、中国风格、中国特色的网络文化产品品牌。在传播过程中，网络编辑应明确网民也是网络内容建设的重要力量，将其点赞、评论、转发、关注等作为传播效果的重要参照指标，强化与网民的合作、沟通与互动，提高内容建设质量。

例如，在网络文学领域具有示范、引领作用的"年度优秀网络文学原创作品推介活动"从2015年开始启动至今，不仅向读者推荐了兼具思想性、艺术性、可读性的大量优秀原创作品，而且也有意识地引导网络文学作者关注现实主义题材，取得了显著成效。其中，为了庆祝新中国成立70周年，2019年的推介活动进行了相关主题网络作品评选，以《大江东去》《浩荡》《大国重工》《宛平城下》等为代表的25部入选文学作品题材丰富、风格多样、文化意蕴深厚，充分展示了新中国取得的巨大成就，讴歌了人民群众的爱国主义情怀与奋斗精神，有利于弘扬主旋律，传播正能量，也大大提升了网络文学创作的水平。

第四节　网络编辑的法制观念与版权意识

互联网时代，人们早已习惯网络化的生存方式。事实上，对于许多"宅男""宅女"们来说，虚拟化的网络社区生活反而是他们更为真实的存在。受到社会变革及大数据、算法推荐等新技术的推动，互联网络的后社交属性、产业属性、文化属性日益凸显，网络出版机构之间对于受众的吸引乃至争夺势必愈演愈烈，个别网站为了获取经济收益更是不择手段。广大网民在享受海量信息及定制化、个性化信息推送服务的同时，也可能遭遇隐私数据泄露、信息茧房等网络安全与应用问题。近年来，我国加快推进互联网监管制度建设，逐步建立健全相关法律法规，目前已经基本形成以网络安全法为基础、以行政法规为主体、以部门规章为支撑的法律法规体系。在此基础上，相关管理部门针对

网络安全治理开展了各种专项整治行动，成效显著。❶

网络编辑作为互联网络发展的重要建设者与治理者，理应依托全网络综合治理体系充分发挥自身职能，协助互联网出版机构规范网络内容的生产与传播，做好网络作者群体培育与受众引导工作。

一、追踪全网络综合治理体系建设进展，助力网络生态保护

2018年4月20日，习近平在全国网络安全和信息化工作会议上强调指出："要提高网络综合治理能力，形成党委领导、政府管理、企业履责、社会监督、网民自律等多主体参与，经济、法律、技术等多种手段相结合的综合治网格局。"2019年10月，党的十九届四中全会发布《中共中央关于坚持和完善中国特色社会主义制度 推进国家治理体系和治理能力现代化若干重大问题的决定》，明确提出："建立健全网络综合治理体系，加强和创新互联网内容建设，落实互联网企业信息管理主体责任，全面提高网络治理能力，营造清朗的网络空间。"

概括而言，网络信息内容生态治理，是指政府、企业、社会、网民等主体，以培育和践行社会主义核心价值观为根本，以网络信息内容为主要治理对象，以建立健全网络综合治理体系、营造清朗的网络空间、建设良好的网络生态为目标，开展的弘扬正能量、处置违法和不良信息等相关活动。❷针对网络传播简便迅捷、受众广泛、跨越时空等特点，全网络综合治理体系以法律法规为支撑，综合利用网络信息技术与经济、法律、行政等多种手段，充分调动网络多主体参与，协同推进多层次治理体制机制，落实维护网络安全、净化网络生态的目标，保障互联网健康、和谐、平衡、可持续发展。

2019年1月，由中央网信办、工业和信息化部、公安部、国家市场监督管理总局四部门联合发布的《关于开展App违法违规收集使用个人信息专项治理的公告》，标志着在全国开启App违法违规收集使用个人信息专项治理活

---

❶ 谢新洲.以创新理念提高网络综合治理能力[N].人民日报，2020-03-11（09）.
❷ 中华人民共和国国家互联网信息办公室.国家互联网信息办公室有关负责人就《网络信息内容生态治理规定》答记者问[EB/OL].（2019-12-20）. http://www.cac.gov.cn/2019-12/20/c_1578375158671514.htm.

动。依据《App 违法违规收集使用个人信息专项治理报告（2019）》，在上述四部门联合推动下，App 违法违规收集使用个人信息专项治理工作组主要开展了技术规范制定、举报信息受理、专业机构检测评估、问题督促整改及处置等重点工作，共完成超过千款 App 整改，并相继出台《App 违法违规收集使用个人信息行为认定方法》《信息安全技术 个人信息安全规范》等标准规范，在全社会基本形成关注、重视个人信息安全的氛围。❶

自 2020 年 3 月 1 日起，国家互联网信息办公室施行《网络信息内容生态治理规定》。这是相关管理部门近年来加强互联网络法制化、规范化建设的又一重要举措。《网络信息内容生态治理规定》基于对已有网络信息保护相关法律法规的发展，要求网络平台加强防范、抵制"不良信息"，并在"信息内容"之外增加审查产品版面、页面、榜单、推荐等，有利于营造良好网络生态，维护国家安全和公共利益。

在全网络综合治理体系中，网络编辑具有多重身份：首先，作为从属于特定互联网企业的网络出版从业者，网络编辑有责任、有义务协助互联网企业遵循相关制度，落实信息管理主体责任，营造风清气朗的网络空间；其次，作为网络内容的具体生产者与传播者，网络编辑要明确职业定位与肩负使命，密切关注、深入理解相关法律法规要求，通过建立健全用户管理、信息发布、版面页面生态管理、互动传播等机制，做到依法依规出版，并配合专项整治行动，自觉维护市场竞争秩序；最后，无论是有意为之还是意外遭遇，网络编辑往往会成为突发性事件或网络舆论热点的第一责任者，为了有效应对突发危机事件，必须强化职业素养，完善应急处置机制，加强网络应急治理训练。

二、强化法律意识，系统了解我国网络版权法律制度体系

网络内容的生产与传播，关键在于针对特定受众需求确定传播主题与传播方式。目前，随着互联网络的移动化、社交化、智能化发展，网民们关注的信息、知识范围非常广泛。为了吸引读者关注、获取高额收益，个别网络编辑

---

❶ "App 个人信息举报"微信公众号.App 违法违规收集使用个人信息专项治理报告（2019）[EB/OL].（2020-05-26）. http://www.cac.gov.cn/2020-05/26/c_1592036763304447.

罔顾职业道德，制作传播虚假信息、淫秽色情内容，甚至不惜铤而走险侵权盗版、流量造假、操纵账号，严重扰乱市场正常秩序，污染网络生态。

当前，我国针对网络版权保护已经形成较为完备的法律法规体系，版权地方性立法工作也在有序开展。随着版权国际交流日益深入，版权产业发展已经成为国民经济的重要支撑。在法律层面，主要以《中华人民共和国宪法》为根本遵循，以《中华人民共和国网络安全法》为基础，包括《中华人民共和国著作权法》《中华人民共和国刑法》等；在行政法规层面，主要包括《中华人民共和国著作权法实施条例》《中华人民共和国民法典》《著作权集体管理条例》《信息网络传播权保护条例》《中华人民共和国计算机软件保护条例》《关于制作数字化制品的著作权规定》《中华人民共和国计算机信息网络国际互联网管理暂行规定》《网络出版服务管理规定》《新闻出版广播影视从业人员廉洁行为若干规定》《新闻出版广播影视从业人员职业道德自律公约》等若干法律规定和规范等；在部门规章和规范性文件层面，主要包括《信息安全技术 个人信息安全规范》《使用文字作品支付报酬办法》《关于规范网络转载版权秩序的通知》等。

按照国家版权局发布的《版权工作"十三五"规划》，国家版权局每年组织开展2次全国性的版权执法专项行动。其中，国家版权局与工业和信息化部、公安部、国家互联网信息办公室联合开展的"剑网"专项行动已持续多年，重点打击网络不良信息、非法转载、"标题党""洗稿"、假冒授权、虚假授权、恶意索赔等侵权盗版行为。这一专项行动与"扫黄打非"行动一样，在保护网络作品版权、规范网络市场版权传播秩序方面卓有成效。

中国的互联网建设虽然起步较晚，但在全世界各国中却最早成立了专业的互联网法院。2017年8月18日，杭州互联网法院正式挂牌。2018年9月，北京互联网法院、广州互联网法院相继成立。这三家互联网法院的成立，是我国互联网络法制化进程的重要里程碑，也是依法治国理念在网络领域的创新发展。依据北京互联网法院发布的《互联网技术司法应用白皮书》，现在我国已成功运用法律知识图谱技术、人脸识别技术、云视频技术、微服务架构技术等十大核心技术，并通过AI虚拟法官、VR庭审观摩眼镜、智能语音同声传译系统等实现全球在线互联网审判。❶ 以北京互联网法院为例，该院成立一年来共审结涉网知识产权案件 20147 件，占全部案件比重的近八成。其中，关于"微信红包聊天气泡""微信表情包""延时摄影""百科词条"案等一批著作权案的判决，涉及诸多新类型作品的版权保护，为规范互联网产业运行积累了宝贵经验。中国社会科学评价研究院盛赞北京互联网法院，认为其在知识产权领域已成为业内"北京标准"。❷

三、规范网络内容把关机制，加强版权保护工作

随着网络版权法律制度体系的不断完善，我国网络版权产业发展迅速。根据《中国网络版权产业发展报告（2018）》相关统计数据显示，从 2013 年开始，我国网络版权产业市场规模持续增长，五年间市场规模总增长额超过 5000 亿元，累计增长率达到 141.3%。

2018 年，我国网络版权产业规模达到 7423 亿元人民币。根据国家统计局 2019 年 11 月 22 日发布的《国家统计局关于修订 2018 年国内生产总值数据的公告》的相关数据，修订后 2018 年国内生产总值为 919281 亿元，第三产业增加值为 489701 亿元。❸ 按照修订后的数据来看，2018 年网络版权产业对国内生产总值的贡献率达 0.8%。在网络版权细分产业市场中，网络新闻媒体位居首位，2018 年产业规模为 2904 亿元，规模占比达到 39.12%。在用户规模方面增长最快的为网络文学，2018 年用户增长 5427 万人，总规模达到 4.32 亿，网民渗透率达 52.1%，其中手机网民渗透率为 50.2%。在 2018 年中国网络版权产业的五大新气象中，"用户版权意识显著提高，付费意愿增强"排名第二位。❹

2020 年 9 月 16 日，国家版权局网络版权产业研究基地在中国网络版权保护与发展大会上发布了《2019 年中国网络版权产业发展报告》。报告针对我国

---

❶ 熊剪梅，刘志华，段星宇. 为什么全球第一家互联网法院诞生在中国？[EB/OL].（2019-11-04）. http://www.cac.gov.cn/2019-11/04/c_1574400776656841.htm.
❷ 徐慧瑶. 网上知识产权保护的"北京标准"[N]. 北京日报，2019-09-20（06）.
❸ 国家统计局. 国家统计局关于修订 2018 年国内生产总值数据的公告[EB/OL].（2019-11-22）. http://www.stats.gov.cn/tjsj/zxfb/201911/t20191122_1710868.html.
❹ 国家版权局网络版权产业研究基地. 中国网络版权产业发展报告（2018）[EB/OL].（2019-04-28）. http://www.ncac.gov.cn/chinacopyright/upload/files/2019/4/2817404494.pdf.

数字阅读、网络长视频、网络动漫、网络游戏、网络音乐、网络新闻媒体、网络直播、网络短视频、虚拟现实/增强现实产业九大领域进行系统分析，肯定2019年中国网络版权产业继续保持稳定增长，内容质量不断提升，产业结构更加合理。此外，报告也对2020年中国网络版权产业发展提出了新市场、新业态、新机遇、新出海、新使命等"五个新"展望。

从具体数据来看，2019年我国网络版权产业市场总规模为9584.2亿元，比上一年度增长近30%。目前主要以用户付费、版权运营和广告收入为三大盈利模式，其中用户付费、广告及其他收入相加占比超过99%，版权运营收入占比不足1%。网络新闻媒体和网络游戏作为产业核心业态，共同占据市场规模的63.7%；网络直播和网络视频（含长视频与短视频）增长迅速，产业份额占比接近29%。❶

在全社会日益重视版权保护的整体氛围下，网络编辑要确立依法依规出版、规范竞争意识，结合我国国情和国际版权规则，将版权保护、个人信息保护贯穿于网络内容生产与传播全流程，推进事前、事中、事后监控，为网络作者与用户提供优质服务，否则极易发生侵权问题，引发版权纠纷。与此同时，网络编辑也要关注近年来青少年网民和老年网民群体的迅速增长，重视借鉴网络直播、短视频等形式，创新版权内容与应用，在助力新冠疫情防控、引导社会舆论的同时，努力拓展海外业务，推进网络文化建设。

2018年1月30日，北京市新闻出版广电局发布《关于在北京地区网络出版服务单位全面落实编辑责任制度的通知》（以下简称《通知》）。该通知为了保障网络出版物内容合法，确保网络出版物出版质量，要求北京地区网络游戏、网络文学、网络动漫等各网络服务单位实施编辑责任制度。各网络服务单位3年内需实现编辑人员全部取得助理编辑、责任编辑、总编辑等相应资格，且总编辑职位每家网络出版服务单位不少于1人。《通知》不仅要求各网络出版服务单位应设立网络出版内容的初审、复审和终审三级审核制度，而且明确提出为保证作品质量，避免流于形式，初审、复审和终审必须分别由三人担任，不得由同一人担任。值得注意的是，《通知》还具体规定了各网络出版服

---

❶ 国家版权局.《2019年中国网络版权产业发展报告》发布[EB/OL].（2020-09-17）. https://baijiahao.baidu.com/s?id=1678060367543010489&wfr=spider&for=pc.

务单位实施编辑责任制度的工作机制与监督管理机制。其中,"四、具体职责"表述如下。

> 实施编辑责任制度目的是为了保障网络出版物内容合法,确保网络出版物出版质量。各网络出版服务单位应设立网络出版内容的初审、复审和终审三级审核制度。初审应由助理编辑负责,要对作品的社会效益、文化学术价值、出版价值和技术实现效果进行审核,严格把好导向关、知识关、文字关、技术关。复审应由责任编辑负责,应对作品质量和呈现效果提出复审意见,做出总体评价。终审由总编辑负责,主要对出版导向、学术质量、社会效果、是否符合党和国家的政策法规等方面做出评价;对涉及重大选题备案内容的选题,要按规定督促履行重大选题备案程序;终审者对作品能否上线做出最终决定。为保证作品质量,避免流于形式,初审、复审和终审必须分别由三人担任,不得由同一人担任。
>
> 网络游戏出版申请中的游戏内容审读报告应体现初审、复审和终审的过程和签字。

《通知》的"六、监督管理"则规定,北京市新闻出版广电局会通过定期组织业务培训和考核等形式,监督管理各网络服务单位落实编辑责任制度的情况,将考核结果作为网络出版服务许可证年度核验的重要依据。❶

应当承认,上述《通知》根据《出版管理条例》《网络出版服务管理规定》《关于严格规范网络游戏市场管理的意见》《关于推动网络文学健康发展的指导意见》《关于移动游戏出版服务管理的通知》等法规文件要求,在全国率先要求网络出版服务单位施行编辑责任制度,强化网络内容把关与版权保护工作。而 2019 年曾引发网络舆论热议的视觉中国事件,则无疑是网络版权保护的反面案例。在 2019 年 4 月 10 日,视觉中国由于将全球六地同步发布的首张黑洞照片纳入版权图片库,被网民发现并曝光。在侵权事件深度发酵过程中,视觉中国被集中曝光在网站内售卖中国国旗、国徽及苏宁、海尔、百度等企业相关

---

❶ 北京市新闻出版广电局. 关于在北京地区网络出版服务单位全面落实编辑责任制度的通知 [EB/OL].(2018-02-02). http://culture.qianlong.com/2018/0202/2373419.shtml.

图案，包括共青团中央和多家企业在官微中予以关注，一时间引发网络舆论。2019年4月11日晚，视觉中国被天津市互联网信息办公室约谈。2019年4月12日，视觉中国两次公开发表致歉信。笔者通过检索发现，在百度百科中，这一事件被称为"视觉中国版权门"。百度百科同名词条明确指出："视觉中国版权门是指视觉中国网站因'黑洞'照片版权问题而引发公众质疑的图片版权标注风波。"

值得注意的是，针对视觉中国发布的多张图片中刊发敏感有害信息标注，引起网上大量转发，破坏网络生态，造成恶劣影响的情况，天津市互联网信息办公室于2019年4月11日连夜约谈视觉中国，依据《中华人民共和国网络安全法》《互联网信息服务管理办法》有关规定，责令其立即停止违法违规行为，全面彻底整改。❶ 2019年11月16日，"网信天津"微信公号发布《天津市网信办依法对视觉中国网站做出行政处罚》，声明天津市互联网信息办公室依据《中华人民共和国网络安全法》第六十八条第一款规定，对网站运营主体汉华易美（天津）图像技术有限公司做出从重罚款的处罚。

以视觉中国上述事件为鉴，网络编辑在当前媒体融合背景下必须遵循《中华人民共和国网络安全法》与《互联网信息服务管理办法》的相关规定，完善内容把关机制，综合运用文字、图片、语音播报、短视频、动漫、AI新闻自动写作等多种形式，探索科技与文化创新。

四、自觉抵制网络传播不良倾向，保障网络内容质量

当前，网络内容生产与传播领域除了非法出版、盗版侵权之外，还存在着标题党、虚假信息、内容低俗、导向不当、刷流量、诱导分享等不良倾向及行为。随着网络信息安全综合治理体系的不断完善，网络服务平台的责任边界日益明晰，有利于协同推进与网络内容生产者、用户三方的深入合作。网络编辑作为网络内容生产的重要主体，应当努力提升职业素养与法制意识，抵制上述不良倾向，规范网络内容生产与传播，与网络平台一起自觉维护网络安全与

---

❶ 天津市互联网信息办公室连夜依法约谈视觉中国网站 [EB/OL].（2019-04-12）. http://www.chinanews.com/gn/2019/04-12/8806744.shtml.

生态健康。

2020年3月1日起实施的《网络信息内容生态治理规定》中，明确鼓励、引导网络信息内容生产者，应当制作、复制、发布含有"宣传习近平新时代中国特色社会主义思想，全面准确生动解读中国特色社会主义道路、理论、制度、文化"和"弘扬社会主义核心价值观，宣传优秀道德文化和时代精神，充分展现中华民族昂扬向上精神风貌"等内容的正能量信息。与此同时，《网络信息内容生态治理规定》也为网络内容生产者划定了底线与红线：不得制作、复制、发布含有"危害国家安全，泄露国家秘密，颠覆国家政权，破坏国家统一"和"损害国家荣誉和利益"等内容的违法信息；应当采取措施，防范和抵制制作、复制、发布含有"使用夸张标题，内容与标题严重不符"和"炒作绯闻、丑闻、劣迹"等内容的不良信息。

网络编辑要遵循《中华人民共和国网络安全法》，积极配合有关国家机关及管理部门的专项治理行动，加强网络内容的审查把关，尤其要警惕淫秽色情、网络暴力、恐怖惊悚、网络谣言、人肉搜索、深度伪造、操纵账号、虚假注册等违法违规内容，从源头切断有害信息生产传播的利益链条。以网络服务平台的版面页面为例，网络编辑应时刻注意系统把关内容产品、榜单、热搜、互动评论、弹窗、弹幕等重点传播场景。针对个别网民热衷于炒作传播诸如激进极端、低俗媚俗、暴力凶杀、惊悚灵异等网络内容的行为，网络编辑应通过用户服务协议、互动监督、正向引导等方式加强对网络用户的规制，尽早发现不良倾向并进行干预，避免引发网络舆论热点甚至舆情。

2020年6月18日，国家新闻出版署向各省、自治区、直辖市新闻出版局，以及各网络文学出版单位发布《关于进一步加强网络文学出版管理的通知》。该通知要求严格规范登载发布行为。实行网络文学创作者实名注册制度，按照"后台实名、前台自愿"的原则，网络文学出版单位必须要求创作者提供真实身份信息，不得为未使用真实身份信息注册的创作者提供相关服务，并对收集的信息严格保密，确保创作者信息安全。网络文学出版单位应在平台上明示登载规则和服务约定，对创作者登载发布行为提出明确要求，既保障合理权益，又实施有效约束。互联网公众账号服务商、应用商店等首发网络文学作品的，按照上述要求进行管理；从事分发业务的，须加强审核力量建设，对分发产品及内容进行跟踪把关，对出现的问题承担相应责任。提供公众账号和应用商店服务的互联网平台按照上述要求加强监测管理，承担相应主体责任。登载发布原创作品，须在作品封面或内容首页显著位置标明书名、作者、责任编辑及版权说明等相关信息。加强对作品排行榜、互动评论等作品相关发布信息的动态管理，正确引导用户阅读。定期开展社会效益评价考核。网络文学出版单位应按要求开展社会效益评价考核，形成社会效益自评报告，报送属地出版主管部门审核认定。网络文学出版单位发布或推介作品出现严重错误的，社会效益评价考核结果为不合格。对连续两年考核结果为优秀的网络文学出版单位，出版主管部门在评奖推优和资助扶持等方面予以倾斜；对考核结果为不合格的，进行通报批评，约谈主要负责人，责令整改并且在整改到位前不得参加各类评优评奖；对存在违法违规行为的，依法依规进行处罚。

近年来，我国未成人上网规模持续扩大。根据 CNNIC 发布的《2018 年全国未成年人互联网使用情况研究报告》，截至 2018 年 7 月 31 日我国未成年网民规模达 1.69 亿，未成年人的互联网普及率高达 93.7%；15.6% 未成年网民曾遭遇诸如网上讽刺或谩骂、自己或亲友在网上被恶意骚扰、个人信息在网上被公开等网络暴力；30.3% 的未成年人曾在上网过程中接触到暴力、赌博、吸毒、色情等违法不良信息。为了保障未成年人的健康成长，网络编辑应依据《中华人民共和国未成年人保护法》《未成年人网络保护条例》等相关法律法规，鼓励并及时受理用户举报、投诉，重视净化网络生态环境，提升网络内容质量，保护未成年人网上个人信息安全，保障未成年人免受网络违法信息侵害，防范未成年人沉迷网络。

综上所述，网络生态治理是一项长期、系统、重要的工作。网络编辑应当提升法制观念，重视版权保护，加强网络内容生产与传播全过程、系统化把关，努力营造风清气朗的网络空间。

第六章
全媒体时代网络编辑人才培养模式分析

在我国，党和政府非常关注互联网络发展与网络安全。针对网络编辑队伍的建设，习近平在多次重要讲话中提出相关指导思想与具体改革举措。2016年2月19日，习近平主持召开党的新闻舆论工作座谈会，在讲话中强调"过不了互联网这一关，就过不了长期执政这一关"。"管好用好互联网，是新形势下掌控新闻舆论阵地的关键，重点是要解决好谁来管、怎么管的问题。有些人企图让互联网成为当代中国最大的变量。要把党管媒体的原则贯彻到新媒体领域，所有从事新闻信息服务、具有媒体属性和舆论动员功能的传播平台都要纳入管理范围，所有新闻信息服务和相关业务从业人员都要实行准入管理"。2016年4月19日，习近平在网络安全和信息化工作座谈会上的重要讲话中明确提出"互联网主要是年轻人的事业，要不拘一格降人才"。"培养网信人才，要下大功夫、下大本钱，请优秀的老师，编优秀的教材，招优秀的学生，建一流的网络空间安全学院"。特别是针对相关从业人员"不少是怪才、奇才"的现实，习近平肯定"对待特殊人才要有特殊政策，不要求全责备，不要论资排辈，不要都用一把尺子衡量"[1]。

新形势下，探索创新网络编辑人才培养模式，不仅事关我国网络出版产业与数字经济健康发展，而且对网络强国、出版强国等战略实施影响深远。为了适应全媒体时代网络编辑人才需求，近年来高等院校、职业学校、科研单位、互联网企业与行业协会等各方面力量都在积极探索创新人才培养模式。各

---

[1] 中共中央党史和文献研究院.习近平关于网络强国论述摘编[M].北京：中央文献出版社，2021：3-4，37.

级管理部门应着力统筹规划，集中优势资源，探索全流程、多层次、立体化协同培养，建立健全网络编辑复合型应用人才培养体系。

在本章中，笔者尝试从高等院校、互联网企业、行业协会及协同创新等角度，对我国网络编辑人才培养模式的发展现状及趋势进行深入系统的分析。

第一节 网络编辑人才的专业资格评定制度

网络编辑人才的专业资格评定制度，就是按照各级各类网络编辑职业岗位要求，综合运用多种形式对相关从业者在职业道德、知识技能、个人素养等各方面进行培养、训练与考核、鉴定，使其具备适应具体职业岗位的合格资质。

在 2005 年以前，网络编辑从业人员的从业资格认定，主要是依托于各互联网企业、网络服务平台自发进行。2005 年 3 月 24 日，国家劳动和社会保障部将网络编辑员列入国家职业大典，在公示的第三批 10 个新职业名单中包括网络编辑员，同时颁布《网络编辑员国家职业标准》。自此时开始，至 2016 年国家取消网络编辑员职业为止，十余年间网络编辑员的人才培养主要依据《网络编辑员国家职业标准》开展。近年来，网络编辑专业资格评定情况比较复杂。

一、政产学研一体化的专业资格评定培训制度

中华人民共和国成立后，我国的职业资格证书制度从无到有，逐步形成了国家学历证书和职业资格证书并重的制度。1980 年 11 月国务院批转《编辑干部业务职称暂行规定》，1982 年 11 月，文化部出版局在北京召开了全国评定编辑业务职称的工作会议，要求各级出版部门把评定编辑业务职称工作作为一项重要任务来抓。1986 年 3 月 30 日，中央职称改革工作领导小组转发文化部《出版专业人员职务试行条例》及《关于〈出版专业人员职务试行条例〉的

实施意见》。1994年,新闻出版署明确了岗位培训和"持证上岗"制度的规定及细则。1995年5月5日至6月13日,新闻出版署在京举办了第一期全国出版社社长、总编辑岗位培训,同年开始不定时组织各类专项培训。新闻出版署制定了1996年到2000年出版行业岗位培训的五年计划,并于1996年成立教育培训中心,负责在职员工的全员培训。1997年,新闻出版署召开了署机关和直属系统的人才工程会议,设立人才培养的专项资金,制定《出版行业跨世纪专业技术人才选拔培养实施办法》,建立人才津贴制度。2001年8月起,国家对出版专业技术人员实行职业资格考试制度,正式将其纳入全国专业技术人员职业资格制度的统一规划。2002年,在全国范围内举行了首次全国出版专业职业资格考试,参加考试人数达到17000。全国出版专业职业资格考试延续至今。随着出版业形势发展,就考试内容来说,近年来有关数字出版、新媒体技术的相关内容的比例明显加大。

自2005年至2016年,国家劳动和社会保障部建立了网络编辑员职业培训与鉴定机制。为了推动全国网络编辑员职业资格考试顺利开展,不仅在2006年出版了培训教材,而且人力资源和社会保障部连续在全国各地举办多期网络编辑职业技能培训班。

自2009年开始,新闻出版总署人事司委托中国新闻出版研究院和凤凰出版传媒集团等单位每年举办"新媒体技术人才培训班"。2010年开始组织网络编辑二级职业资格考试。出版本身的职业特点适用于多维度的综合人才培养模式。统合于政府,落脚于产业,升华于理论,精深于研究,致力于实用,忽视任何一个方面都会影响编辑出版人才的综合素质。业务实践培训与政府政策指导、高校研究学习的"政产学研用"相结合模式,将有助于提升编辑出版人才的综合素质培养。对数字出版人才的培养也鲜明地体现在这一模式上,数字出版技术的出现和广泛应用,极大地拓展了出版的范围与形式,更需要多学科的手段以及实践经验才能让编辑掌握新技能。2011年新闻出版总署颁布《新闻出版业"十二五"时期发展规划》,明确提出要"发挥产学研机构人才培养作用,建立产学研战略联盟",培养一大批出版人才。❶

---

❶ 万安伦,刘浩冰,庞明慧.编辑出版人才培养40年:阶段历程、培养机制及问题挑战[J].中国编辑,2019(1):42.

2011年5月17日，"新媒体技术人才暨网络编辑国家职业资格鉴定培训班"在南京举办开班仪式。作为第五期"新媒体技术人才培训班"，该培训班适应新闻出版单位、新媒体单位的发展需要，内容侧重"网络编辑职业资格鉴定"。时任中国新闻出版研究院副院长魏玉山指出："网络编辑已经成为批量化紧缺人才，目前，国内网站数量超过323万，如果按平均每个网站配1个网络编辑来估算，323万个网站就应当有323万名编辑人员。因此，研究院与凤凰集团等单位合作，编撰出版《网络编辑职业培训》教材，主办专题培训班。"

2015年12月，北京市人力资源和社会保障局与市新闻出版广电局联合发布了《北京市新闻系列（数字编辑）专业技术资格评价试行办法》，正式启动北京市数字出版、数字新闻、数字音视频等数字编辑专业领域职称评价工作。

从人才评价的角度看，虽然数字编辑队伍具有人员数量庞大、优秀人才聚集、职业化集成度较高、专业影响力巨大等特点，但仍然难以满足当前产业发展的需求，人才结构不合理，高层次、新型复合型人才缺失等突出问题依然存在，且缺乏明确的管理规范和衡量标准，迫切需要建立健全数字内容产业人才培训、遴选、评价、使用、激励、保障等一整套人才管理与评价体系，提供数字内容产业从业者的入职和晋升通道，增强从业者的荣誉感和职业归属感。

当然，北京市推出数字编辑考评制度后，仍需要进一步改进和完善，以更好地适应企业需求和产业发展趋势。例如，依据北京市人力资源和社会保障局"推动数字编辑专业无纸化考评工作"的总体思路，在创新数字编辑人才考培养与评价模式的过程中，可以进一步探索相关媒体产业的跨界深度融合，重新梳理各个专业的具体业务流程和工作方法，突出专业特色、行业特色和企业需求，突出从业人员技能操作水平需要，突出内容审核把关的职能特色，细化关于数字出版、数字新闻、数字音视频、游戏、动漫等专业人才的职称评定标准，打通不同人群的职称晋升渠道，实现产学研、专业技术工作考评与实际技能工作的有效结合，不断推进数字内容传播产业的可持续健康发展。❶

2016年6月7日，北京市开展首次数字编辑高级专业技术资格评价工作。一周后，国务院于6月15日宣布取消包括网络编辑员等47项职业资格认定。

---

❶ 兰舟.北京市新闻系列（数字编辑）专业技术资格考试指导用书出版[J].出版发行研究，2016（3）：65.

经过北京市新闻出版广电局对 2016 年 5 月 14 日参加数字编辑专业初中级专业技术资格考试的 2414 名考生进行问卷调查调研和统计分析发现：从工作内容来看，从事数字出版方面工作的考生占比为 70%，从事数字新闻方面工作的考生占比为 25%，从事数字视听、数字游戏、数字动漫等工作的考生占比为 5%；从学历层次来看，具有研究生学历的考生占比为 30%，具有本科学历的考生占比为 60%，本科以下学历的考生占比为 10%；从考生的所学专业情况看，与新闻出版、广播影视相关专业的考生只占 1/3，2/3 的考生属于其他专业。❶ 可见，网络编辑业务实践培训与政府政策指导、高校研究学习的"政产学研用"相结合模式，将有助于提升编辑出版人才的综合素质。

二、网络编辑从业人员的专业资格评定

为了适应社会经济发展、产业结构调整，提升相关从业者的素质与能力，我国一直非常重视专业技术人员的专业资格评定与教育培训。近年来，随着《关于推行终身职业技能培训制度的意见》和《职业技能提升行动方案（2019—2021 年）》等出台，以职业能力为导向的人才评价、技能等级制度逐渐完善，为各级管理部门建立健全网络编辑专业资格评定与职业培训制度体系提供了重要契机。

1. 出版专业技术人员资格考试及继续教育制度

截至目前，《出版专业技术人员职业资格考试暂行规定》《出版专业技术人员职业资格考试实施办法》《出版专业技术人员继续教育规定》等文件在网络编辑专业资格评定与培训中仍发挥一定作用。依据上述文件，出版专业职业资格考试制度纳入全国专业技术人员职业资格制度的统一规划，包括初级资格、中级资格和高级资格在内的各级资格考试工作由原人事部和新闻出版总署共同负责。从事出版专业初级、中级岗位工作者，需获得相应资格并进行职务聘任。从事出版专业高级岗位工作者，实行考试与评审相结合的评价制度。

---

❶ 李超.2016 年度北京市数字编辑专业技术资格考试初中级考生状况分析 [J]. 科技与出版，2017（6）：25.

2. 网络编辑员国家职业资格培训与鉴定制度

2005年3月24日，劳动和社会保障部将网络编辑员列入国家职业大典，同时颁布《网络编辑员国家职业标准》。按照国家职业标准，网络编辑员是指利用相关专业知识及计算机和网络等现代信息技术，从事互联网网站内容建设的人员。其职业培训工作由国家劳动和社会保障部主管，中国就业培训技术指导中心统一组织实施。凡从事网络编辑职业或准备从事相关职业的人员，按照网络编辑员、助理网络编辑师、网络编辑师和高级网络编辑师四个等级经过培训并鉴定合格，就可获得相应等级网络编辑员职业《CETTIC职业培训合格证书》。

3. 北京市数字编辑专业技术资格评价制度

2015年11月12日，北京市人力资源和社会保障局、北京市新闻出版广电局联合施行新闻系列（数字编辑）专业推行专业技术资格评价制度，包括正高级（高级编辑）、副高级（主任编辑）、中级（编辑）、初级/助理级（助理编辑）四个等级。按照"自主申报、社会评价、择优聘任"的方式，申报人员通过考试或评审取得《北京市专业技术资格证书》，由用人单位根据需要自主、择优聘任专业技术职务。由于专业设置包括数字新闻编辑、数字出版编辑、数字视听编辑三个领域，依托内容、技术、运维三个方向形成了三纵三横的细分结构体系。

2016年5月14日，北京市首次举行的数字编辑专业初中级专业技术资格考试，吸引了超过两千名考生参加，引发社会广泛关注。值得注意的是，这些考生与参加网络编辑员职业鉴定的相关从业人员相比，不仅学历普遍较高，本科以上学历考生占比达到90%；而且约有三分之一的考生所学专业与新闻出版、广播影视相关。❶

2016年6月7日，北京市开展首次数字编辑高级专业技术资格评价工作。朱国政认为"形成了以'数字出版、数字新闻、数字视听'和'内容、技术、运维'为依托的'三纵三横'9个细分方向，实现了各个级别专业技术资格评价体系的全覆盖"，从而为数字编辑"正名定分"。数字内容传播产业的"正规

---

❶ 李超.2016年度北京市数字编辑专业技术资格考试初中级考生状况分析[J].科技与出版，2017（6）：25.

军"队伍开始逐步建立并得到发展。❶

李超在《北京市数字编辑专业技术资格制度政策解读》一文中则提出："数字编辑是一个全新概念。就数字编辑属性而言,应包含4个层面的基本含义。"❷概括而言,这4个层面的基本含义包括:一是依托数字内容传播产业发展,"参与人员众多,分工明确,对象清晰,符合作为职业的社会属性、经济属性、价值属性和规范属性";二是作为"名词"进行语义分析,"数字编辑是指数字内容产品的生产者和制造者,分布在作品选题策划、稿件资料组织、加工整理修改、校对审核把关、维护发布运营各个环节中,承担着内容资源搜集、设计研发、生产制作、审核校对、渠道开发、运营服务等任务";三是作为"动词"进行语义分析,"数字编辑指的是数字内容产品的生产活动";四是针对数字编辑专业技术人才队伍建设需求,"将数字编辑作为专业纳入职称评审序列,开创了数字编辑专业设立的新纪元"。

4. 北京市新闻出版广电局在网络出版服务单位全面落实编辑责任制

2018年2月,北京市新闻出版广电局为了保障网络出版物内容合法,确保网络出版物出版质量,开始在北京地区的网络游戏、网络文学、网络动漫等网络出版服务单位全面落实编辑责任制度。在北京市新闻出版广电局《关于在北京地区网络出版服务单位全面落实编辑责任制度的通知》中明确规定:依据国家新闻出版广电总局有关编辑责任制度要求,各网络出版服务单位应包含助理编辑、责任编辑、总编辑等不同等级编辑人员,且总编辑岗位每家网络出版服务单位不少于1人。网络出版服务单位应设立网络出版内容的初审、复审和终审三级审核制度,为保证作品质量,避免流于形式,初审、复审和终审必须分别由三人担任,不得由同一人担任。网络游戏出版申请中的游戏内容审读报告应体现初审、复审和终审的过程和签字。有条件的单位可以设专人专职,现阶段达不到要求的单位可以兼职,但三年内需实现编辑人员全部取得相应资格。

相关人员的任职资格与岗位职责从低到高依次为:

---

❶ 朱国政.首次数字编辑职称考评:正名定分,路向远方[J].科技与出版,2016(7):14-16.
❷ 李超.北京市数字编辑专业技术资格制度政策解读[J].科技与出版,2016(7):4-8.

助理编辑应具备出版专业、数字编辑专业及国家新闻出版广电总局认可的相关专业技术职业资格（初级），负责初审，要对作品的社会效益、文化学术价值、出版价值和技术实现效果进行审核，严格把好导向关、知识关、文字关、技术关。

责任编辑应具备出版专业、数字编辑专业及国家新闻出版广电总局认可的相关专业技术资格（中级或副高），负责复审，应对作品质量和呈现效果提出复审意见，做出总体评价。

总编辑应具备出版专业、数字编辑专业及国家新闻出版广电总局认可的相关专业技术职业资格（副高或高级），负责终审，主要对出版导向、学术质量、社会效果、是否符合党和国家的政策法规等方面做出评价。对涉及重大选题备案内容的选题，要按规定督促履行重大选题备案程序。终审者对作品能否上线做出最终决定。

上述助理编辑、责任编辑、总编辑等不同等级编辑人员的职业资格评定，可根据实际情况申报参加国家新闻出版广电总局每年组织的出版专业职业资格考试和评审、北京市人力资源和社会保障局及北京市新闻出版广电局每年组织的出版专业、数字编辑专业考试和评审。此外，北京市新闻出版广电局每年组织不少于 2 次的网络出版服务单位继续教育培训。

北京市新闻出版广电局定期组织业务培训和考核，将编辑责任制度落实情况作为对网络出版服务单位考核的重要内容，考核结果将作为网络出版服务许可证年度核验的重要依据。今后逐步制定相关具体业务分类编辑职责的实施细则，落实持证上岗制度，建立健全发表网络出版物作者实名注册、责任编辑及出版单位署名等管理制度；以明确范围、规范程序、强化监督和责任追溯为重点，加强网络出版单位编辑人员内容导向判断和艺术水准把关的能力建设，加强网络出版服务单位编辑人员的职业道德教育和业务培训，引导企业建立有利于落实编辑责任制的考评办法和激励机制。

5. 国家新闻出版署进一步加强网络文学出版人才队伍建设

2020 年 6 月 18 日，国家新闻出版署向各省、自治区、直辖市新闻出版局，以及各网络文学出版单位发布《关于进一步加强网络文学出版管理的通知》，强化网络文学出版内容审核把关机制建设。

该通知针对当前我国网络文学出版整体蓬勃发展，但同时部分作品、企业也存在一些不良倾向与问题的实际，要求网络文学出版单位建立健全内容审核机制，做到内容把关责任明确、编校流程可核查可追溯。网络文学出版单位须设立总编辑，建立健全编辑委员会，深入开展马克思主义新闻出版观教育，严格执行选题论证制度、内容审校制度。采取责任编辑、总编辑对涉及内容导向问题的事项具有否决权，对发布作品的内容质量负总责，坚持先审后发的原则，对尚未创作完成、持续更新的作品进行跟踪审读，未经审核不得上线发布。该通知要求网络文学出版单位加强队伍教育培训，从事内容审核的编辑人员应按时参加出版专业技术人员继续教育，每年累计不少于 72 小时，取得出版主管部门颁发的继续教育合格证书；网络文学出版单位法定代表人、总编辑或主要负责人应在规定时间内参加出版主管部门组织的岗位培训，取得国家新闻出版署统一印制的岗位培训合格证书。各级出版主管部门要严格落实意识形态工作责任制，落实属地管理责任，定期监督检查网络文学出版单位编辑责任制度落实情况，把检查结果作为出版单位资源配置、年检评估、项目评审和评优表彰的重要依据。建立和充实网络文学阅评队伍，加大抽查排查力度，及时发现和处理苗头性倾向性问题。充分运用技术手段，加强监测监看，提升分析研判水平，提高科学管理效能。

值得注意的是，国家新闻出版署在《关于进一步加强网络文学出版管理的通知》中，不仅明确提出要针对网络文学从业人员深入开展马克思主义新闻出版观和队伍教育培训，而且详细规定了网络文学内容编辑人员、出版单位法定代表人、总编辑或主要负责人参加继续教育、岗位培训的具体要求，以系统强化从业队伍的责任意识和职业道德，提高网络文学内容生产与传播能力，在进一步提升读者服务水平的同时，也促进网络文学出版行业健康发展。

综上所述，在 2005 年以前，我国网络编辑从业人员的培养主要依托于各互联网企业、网络服务平台的自发培养，自愿参加出版专业技术人员资格考试及继续教育。从 2005 年开始到 2016 年国家取消网络编辑员职业为止，十余年间网络编辑员的人才培养主要依据《网络编辑员国家职业标准》开展。

2016 年前后，相关管理部门针对网络编辑人才的专业资格评定与培训体系开展了卓有成效的探索。

第二节　高等院校网络编辑人才培养现状

我国高等院校作为网络编辑人才培养的重要阵地，积极适应社会及行业需求，推进相关人才培养模式探索，在人才培养目标、课程设置、考核方式等方面积累了宝贵经验。

一、高等院校探索多元化网络编辑人才培养

1. 网络编辑从业人员总体学历层次较高，多为人文社会科学专业背景

适应我国互联网络发展，网络编辑职业成为新兴职业。根据周葆华、寇志红、郭颖的《网络编辑生存大调查》一文，2013 年 11—12 月由东方网和复旦大学新闻学院联合成立的"中国网络新闻工作者生存状况调查组"课题组针对全国 60 家新闻网站的 1631 位网络新闻从业者开展在线问卷调查，相关数据显示：就专业背景来看，网络新闻从业者中有新闻传播学专业和其他人文社会科学专业背景的人数占比达 64.2%，有经济管理专业和计算机专业背景的人数占比为 21.1%，有理工农医专业和其他专业的人数占比只有 10.9%；就学历层次来看，从业者中拥有硕士及以上学历者占比为 18.3%，拥有大学本科学历者占比为 76.8%，两者相加占比达到 95.1%。[1] 可见，我国网络编辑的总体学历层次较高，网络新闻工作者的专业背景多为新闻传播学专业和其他人文社会科学专业。

2015 年，刘灿姣、王宇通过采用实地走访结合网络调查的方式，以湖南省新闻出版广电局、出版工作者协会、新闻工作者协会和 35 家互联网内容生产与传播企业为样本主体，以外省 11 家互联网内容生产与传播企业为补充，

---

[1] 周葆华，寇志红，郭颖. 网络编辑生存大调查[J]. 网络传播，2014（1）：18-21.

进行了深入调研，相关统计数据显示：在 108 份编辑类问卷中，有 39 位受访者具有高校网络编辑相关专业教育经历，占比为 36%。在 87 份管理类问卷中，组织员工参加高校或社会教育机构的培训人数为 36 人，占比为 41%。❶

2. 高等院校积极推进网络编辑相关专业课程及方向设置

目前，我国相关普通高校的编辑出版学、数字出版、文学、网络与新媒体等本科专业，往往会在人才培养方案中开设网络编辑相关方向或课程。甄增荣等在 2013 年发表的《网络编辑专业建设与发展对策研究》一文中指出："真正意义上的网络编辑专业教师还几乎没有""专业教师整体质量的不足，严重制约着我国网络编辑专业及学科建设"❷。事实上，由于教育部普通高等学校本科专业目录中未设网络编辑专业，因此导致普通高校开设网络编辑专业的很少，很多院校通过了在编辑出版学等专业中加开一两门相关课程的方案。例如，根据 2017 年中国科学评价研究中心、武汉大学中国教育质量评价中心（ECCEQ）联合中国科教评价网发布的专业评估排名，北京印刷学院的编辑出版学专业在全国高校同专业中排名第一，该校的数字出版专业是全国高校中开设最早的本科数字出版专业，这两个专业均开设了网络编辑课程。再如，具有百年历史的武汉大学信息管理学院，其编辑出版学、数字出版等本科专业的培养方案中也都开设了网络编辑课程。❸

普通高校在网络编辑人才培养方面进行了探索的是河北大学、合肥师范学院、北京印刷学院、上海理工大学和上海大学等学校。以河北大学新闻传播学院网络编辑人才培养为例，课程培养目标明确设定为：培养具备策划、编辑、制作、营销等方面的知识和技能，能在传统媒体的网站商业媒体网站及各类媒体的客户端、微信公众号等机构从事内容产品文案、创意、策划、市场等工作，同时也能创立自媒体并从事相关工作的新闻传播学科应用型、复合型兼创新型人才。❹合肥师范学院在 2007 年改制后，编辑出版专业在本科编辑出

---

❶ 刘灿姣，王宇. 网络编辑职业资格培训与认证调查报告 [J]. 中国编辑，2015（11）：79-84.
❷ 甄增荣，甄慧璟，李康，等. 网络编辑专业建设与发展对策研究 [J]. 统计与管理，2013（3）：78-79.
❸ 武汉大学信息管理学院. 本科人才培养方案 2018 版 [EB/OL]. （2019-04-28）. http://sim.whu.edu.cn/jx/bksjy/pyfa.htm.
❹ 王宏. 移动互联网时代网络编辑人才培养模式 [J]. 出版发行研究，2018（4）：91-93.

版专业后加上括号备注为网络编辑方向,并在制订培养方案、构建师资队伍、优化课程体系等方面进行探索,致力于服务安徽省及长三角区域经济与行业发展需要,培养网络新闻编辑应用型人才。❶

3.部分高校探索研究生阶段网络编辑人才培养

北京印刷学院、上海理工大学等高校不仅在课程设置中增加了网络编辑等相关课程,以及校企合作强化实践环节,而且在硕士研究生教育阶段增设了网络编辑研究方向的课程。❷

此外,2017年11月,阅文集团与上海大学联合宣布共建"阅文集团·上海大学创意写作硕士培养教育教学基地",这也是国内网络文学领域第一个创意写作硕士点。❸双方签约开展"阅文集团·上海大学创意写作学科产学研合作",针对网络文学从业者建设网络文学创意写作专业硕士学位点。该专业硕士学位点导师队伍包括上海大学教师和阅文集团高管、知名作家,学员来源于社会报名和阅文集团推荐,在职学习两年后成绩合格者可获得上海大学网络文学创意写作专业硕士学位和毕业证。❹

二、校企联合强化网络编辑人才实践能力培养

近年来,我国高等职业院校开设网络编辑专业较为普遍,还有部分院校在电子商务等专业下设立网络编辑方向。目前,开设网络编辑专业的高职院校分为三类:第一类以北大方正软件技术学院、无锡南洋职业技术学院、福建信息技术学院、呼和浩特职业学院等为代表,侧重于计算机网络的构建与维护;第二类以浙江三联专修学院、中州大学、北京科技大学延庆分校、上海工商外国语学院等为代表,侧重于内容建设;第三类以浙江工商学院为代表,开设自考大专的网络编辑专业。这三类院校的网络编辑专业大多不同程度地存在着课

---

❶ 陈敬宇,张阿源.地方应用型本科院校网络编辑专业人才培养的实践探索[J].新闻传播,2016(1):40-41.
❷ 张炯,吴平.新中国70年编辑出版人才培养略论[J].中国编辑,2019(9):9-14.
❸ 任晓宁.上海大学设网文硕士点[EB/OL].(2017-11-30).http://data.chinaxwcb.com/epaper2017/epaper/d6641/d3b/201711/83257.html.
❹ 阅文集团联合上海大学成立网文写作硕士点大神作者担任导师[EB/OL].(2017-11-23).https://www.sohu.com/a/206148878_555214.

程设置不能满足网络编辑岗位需求的情况，尤其是缺乏专题策划、内容优化推广和用户管理等方面的课程，且多存在采用重理论轻实践的"黑板教学模式"等普遍问题。根据网络编辑岗位需求，应按照复合型、实用性人才培养目标完善课程体系建设，强化全过程产学合作，提升学生的专业素养。❶

1. 依托就业形势，调整网络编辑人才培养目标

为了更好地适应社会与行业发展变化，各高校纷纷依据毕业生的就业去向与网络编辑实际岗位需求，强化全过程产学、校企合作，进行专业课程与教学体系的反向调适，推进产学融合，培养专业人才。

例如，湖南大众传媒职业技术学院将网络编辑专业毕业生的就业去向划分为网络编辑职业岗位群、网页设计与制作职业岗位群和网站管理与营销策划职业岗位群，主张相关课程体系结构应涵盖通识教育模块、行业通用能力课程模块、岗位特定能力课程模块和专业能力拓展课程模块。❷ 而辽宁警官高等专科学校的王柳人则认为，网络编辑按照职业岗位可以划分为网络媒体编辑助理岗位群和企业网站编辑岗位群两大类，强调网络编辑专业学生应掌握计算机基础理论和软件、动画、数字编辑等技术，成为能进行网络媒体、网络广告及全媒体游戏设计与制作的高级专业人才。❸

针对新入职的大学生往往缺乏文字能力、技术能力、创新能力等，广东理工职业学院将网络编辑人才的职业能力要求划分为基础技能、进阶技能和高阶能力，坚持专业人才培养对接人才需求单位，以新闻采编能力为基础，以信息整合能力为提升，以多媒体运用能力为高阶目标，完善模块化课程体系与双师型师资队伍建设。❹

2. 适应媒体融合发展更新培养方案，强化复合型应用人才培养

全媒体时代网络编辑专业人才培养，应当适应社会与行业发展现状及趋势，针对媒体融合发展要求，以复合型应用人才培养为目标。通过理论课程体

---

❶ 张国平. 网络编辑专业课程建设现状与思考 [J]. 出版发行研究，2011（2）：48-50.
❷ 罗卓君，吴振锋. 拓展型工作岗位的网络编辑专业课程体系的分析与探索 [J]. 科教导刊，2011（12）：99-100.
❸ 王柳人. 高职网络编辑人才培养规格与能力结构研究 [J]. 电子商务，2013（6）：86-87.
❹ 叶芳. 网络编辑人才培养的探索与思考 [J]. 新闻窗，2018（2）：71-72.

系构建与实习实训方案制订，系统完善校企合作机制与产学研一体化培养体系，将学校专业教育与在职培训相结合，重点拓展包括岗前培训、岗位培训、职业培训、开放培训、远程培训等多种方式并举的全流程、全方位培训体系。

以江西新闻出版职业技术学院为例，该校立足于应用人才培养目标，将实践教学体系与理论教学体系并重，积极构建多重实习实践体系，包括企业"认知型"实习、课堂教学实践、校内"工作站"实训、学生自主实践、企业顶岗实习、毕业论文等。❶ 此外，还以"1234"为主体框架调整人才培养方案，通过项目驱动开发核心课程，建设实训基地，针对学生的人文道德素养、新闻采写与编辑出版素养、计算机和网络媒体素养等开展多维立体培养。❷

镇江高等专科学校则独辟蹊径，通过校企合作等方式强化学生的互联网思维与网站、微博、微信等内容采编制作和运营能力，致力于培养"能胜岗＋能转岗"的新媒体复合型网络编辑人才。❸

3. 多方力量积极协同，创新联合培养体制机制

2014 年，陈文耀针对部分职业学校网络编辑专业开展调研，发现大多数专业培养方案仍主要以传播学概论、编辑学概论、出版学原理等理论课为主，除软件编辑课程等有限的专业技术类课程之外，未能充分反映行业发展前沿。❹ 近年来，我国部分高等院校和职业学校坚持以市场为主导，主动适应行业发展及企业需求，通过开放办学、专家进课堂、双导师制、项目合作制、共建工作室（实验室）等举措，创新校企联合、产学研一体化人才培养模式，达到双方互利共赢。

其中，北京印刷学院和辽宁警官高等专科学校的相关探索具有一定的启发性。2017 年，北京印刷学院与国家新闻出版广电总局联合成立国家数字复合出版系统工程实验室。几年来，针对大数据、人工智能、AR 技术在出版传播中的应用，实验室在开展行业培训、教育教学改革、课程体系研发、师资队伍建设等方面发挥了重要作用，已经成为行业一流实训平台。辽宁警官高等专

---

❶ 高澜，王秀波. 高职网络编辑人才培养中实践教学体系建设初探 [J]. 出版发行研究，2014（1）：77-79.
❷ 高澜. 高职网络编辑人才培养模式的实践探索 [J]. 科技与出版，2014（7）：102-104.
❸ 陈蔚峻. 高职网络编辑人才培养的发展和创新策略 [J]. 今传媒，2017（2）：111-112.
❹ 陈文耀. 高职数字出版人才培养策略探析——以网络编辑专业人才培养为例 [J]. 今传媒，2014（6）：159-160.

科学校作为辽宁省内第一所设置网络编辑专业方向的高校，通过校企共建共享的方式，系统规划、建设了数字编辑实训室、摄录编实训室、网页设计实训室、新闻采访实训室、网络编辑综合实训室等一批实训室和校企合作工作室。❶ 该校还采用"0.5＋1.0＋0.5"的教学模式，以项目为导向推进工作室制人才培养与教学内容改革，构建网络编辑专业课程体系。❷

在民办高校中，上海工商外国语职业学院新闻采编与制作专业（网络编辑专业）从2014年开始与超星合作成立工作室，开办超星实训班，实施全真环境下的情境式教学，并积极建设职业资格证书考核平台，推进校企联合毕业论文设计，取得了较好效果。❸

第三节　网络编辑人才的职业培训体制机制建设

网络编辑人才的职业培训，即按照各级各类网络编辑职业岗位要求，综合运用多种形式对相关从业者在职业道德、知识技能、个人素养等各方面进行培养与训练，使其具备适应具体职业岗位的合格资质。

我国职工教育培训制度是网络编辑人才培养的重要基础性手段，相关岗位培训、业务培训、技能竞赛等选拔、激励机制是人才培养的重要举措。随着互联网络的迅猛发展，我国网络编辑职业培训体制机制也得以逐步建立与完善。近年来，随着《国务院关于推行终身职业技能培训制度的意见》和《职业技能提升行动方案（2019—2021年）》等的出台，以职业能力为导向的人才评价、技能等级制度逐渐完善，为各级管理部门建立健全网络编辑专业资格评定与职业培训制度体系提供了重要契机。

目前，我国网络编辑职业培训体系主要包括：国家关于网络编辑职业培训的相关政策法规与规划；由互联网企业结合具体岗位评聘开展的岗位培训与

---

❶ 张爽. 网络编辑专业校内实训基地研究 [J]. 软件工程师，2014（6）：27-28.
❷ 张爽. 大数据时代网络编辑专业的课程设置研究 [J]. 科教文汇，2014（12）：43-44.
❸ 刘向朝. 民办高校网络编辑专业人才培养多维路径探究 [J]. 科教文汇，2016（1）：37-38.

考核；形式多样的校企联合培训、继续教育、专业技能竞赛等。

一、国家关于编辑与网络编辑职业培训的相关政策、规定与规划

1. 中华人民共和国成立初期相关政策

我国党和政府一直非常重视职工教育工作。早在中华人民共和国成立初期，中央人民政府政务院于 1950 年 6 月 1 日就发布了《关于开展职工业余教育的指示》。1960 年，刘少奇通过在天津等地的试点，提出在学校、企业中实行全日制和半工半读两种教育制度，以及固定工和临时合同工两种劳动制度。1979 年，天津、山东、河南、吉林四地经国务院批准设立技工师范学院；全国多个部门、地区举办技工学校教师轮训班、进修班或进修学院。❶

2. 20 世纪后期相关政策、规定与规划

1980 年 4 月 28 日，全国职工教育委员会成立。在《1981—1990 年全国出版事业发展规划纲要（草案）》中，加强编辑队伍的培训工作是重点规划之一。❷ 1982 年 2 月，中共中央、国务院颁布《关于加强职工教育工作的决定》。1983 年，党的十四届三中全会做出的《关于建立社会主义市场经济若干问题的规定》中提出实行学业证书和职业资格证书制度的双证书制度，并于 1984 年写进了《中华人民共和国劳动法》。1984 年 7 月，时任中宣部副部长胡乔木给教育部写信提出在我国高校开办编辑专业。在 "六五""七五" 期间，部分大学设置图书编辑、出版专业或进修班、出版学院，逐步开展编辑人才培养工作。1987 年 7 月，劳动人事部经国务院批准，发布了《关于执行暂时聘任制的制度》。

1990 年，中国职工教育和职业培训协会成立。1993 年、1994 年劳动部两次召开全国培训工作会议。为了促进经济建设，国家日益重视科技进步与提升劳动者素质，逐渐形成了以就业为导向的职业培训运行机制。1994 年，新闻

---

❶ 关裕泰. 职业培训 50 年 [J]. 中国培训，1999（10）：12-13.
❷ 万安伦，刘浩冰，庞明慧. 编辑出版人才培养 40 年：阶段历程、培养机制及问题挑战 [J]. 中国编辑，2019（1）：38-43.

出版署明确规定施行岗位培训和持证上岗制度。1995年5月，我国第一部职业分类大典问世。1996年5月15日，《中华人民共和国职业教育法》由第八届全国人民代表大会常务委员会第十九次会议通过，自2016年9月1日起施行。1996年底，劳动部制定了《劳动预备制度实施方案》，印发了《关于进行劳动预备制度试点工作的通知》。这项制度于1997年率先在全国36个试点城市实施。

1998年3月11日，劳动部发出了《关于建立和实施名师带徒制度的通知》。1999年5月20日，劳动和社会保障部、国家质量监督检验检疫总局、国家统计局联合颁布《中华人民共和国职业分类大典》。1999年6月，《中共中央、国务院关于深化教育改革、全面推进素质教育的决定》中强调要在全社会实行学业证书和职业资格证书并重的制度。❶ 1999年6月27日，国务院办公厅转发了劳动和社会保障部、教育部、人事部、国家计委、国家经贸委和国家工商局六部门《关于积极推进劳动预备制度加快提高劳动者素质的意见》，要求从1999年起在全国城镇普遍推行劳动预备制度，对所有新生劳动力普遍进行1~3年的职业培训和职业教育，并严格实行就业准入控制，未经必要的培训不得就业。1999年7月23日，上述6部门联合召开电视电话会议，部署全面实行劳动预备制度的各项工作。此后，相关部门逐步建立健全职业技能鉴定网络，并将职业资格证书制度作为与学业证书并重的一项国家证书制度。❷

3. 21世纪以来相关政策、规定与规划

2001年，人事部与新闻出版总署联合发布的《出版专业技术人员职业资格考试暂行规定》与《出版专业技术人员职业资格考试实施办法》，明确指出为保证培训工作健康有序地进行，新闻出版总署负责组织出版专业的师资培训。各地要认真做好培训工作，组织培训要有计划。培训单位必须具备场地、师资、教材等条件，由当地出版行业主管部门会同人事（职改）部门审核推荐，新闻出版总署审批。必须坚持培训与考试分开的原则，参与培训工作的人员，不得参与所有考试工作（包括命题及考试组织管理）。应考人员参加培

---

❶ 毕结礼.30年中国职业培训与资格证书制度建设[J].职业技术教育，2008（30）：58-59.
❷ 关裕泰.职业培训50年[J].中国培训，1999（10）：12-13.

训坚持自愿的原则。新闻出版总署负责组织或授权组织编写培训教材和有关参考资料。严禁任何单位和个人盗用新闻出版总署名义，编写、发行考试用书和举办各种与出版专业资格有关的考前培训，损害考生利益。出版专业资格考试和培训等项目的收费标准，须经当地价格主管部门核准。考试考务管理工作要严格执行考务工作的有关规章和纪律，切实做好试卷的命制、印刷、发送和保管过程中的保密工作。严格遵守保密制度，严防泄密。考试工作人员要认真执行考试回避制度，严肃考场纪律，严禁弄虚作假。对违反考试纪律和有关规定者，要严肃处理，并追究领导责任。

2005年，网络编辑员被列入国家职业大典。针对网络编辑这一新兴职业缺乏统一的职业标准与规范，给企业的培训、考核及人员使用带来很多技术困难❶，由劳动和社会保障部负责依据《网络编辑员国家职业标准》规定建立相关职业培训与鉴定机制，于2006年开始组织全国网络编辑员职业资格考试，并出版《网络编辑员（基础知识 国家职业资格四级）》作为相关从业者进行考核鉴定前培训和自学的教材。

2006年，《关于进一步加强高技能人才工作的意见》明确提出在企业建立企业培训师制度、技师研修制度和现代学徒制度。为了推动网络编辑职业的发展，劳动和社会保障部连续在全国各地举办多期网络编辑职业技能培训班，并于2010年开始组织网络编辑二级职业资格考试。

为了适应社会经济发展、产业结构调整和劳动者素质提高的需要，国务院于2010年10月20日印发了《关于加强职业培训促进就业的意见》，进一步健全职业培训制度。2010年11月25日，新闻出版总署根据《中华人民共和国职业教育法》《全国专业技术人员继续教育暂行规定》《出版专业技术人员职业资格管理规定》《关于加强专业技术人员继续教育工作的意见》等文件精神，发布《出版专业技术人员继续教育暂行规定》，自2011年1月1日起施行，目的是推进出版专业技术人员继续教育科学化、制度化、规范化，培养造就高素质的出版专业技术人员队伍。2020年9月，国家新闻出版署、人力资源和社会保障部印发《出版专业技术人员继续教育规定》，自2021年1月1日起施行。

---

❶ 行水 .28种新职业的解读版本[J]. 职业技术教育，2005（9）：55.

2017年，公布国家职业资格目录，建立并推行职业技能等级制度；开展技能就业专项行动、技能扶贫行动等保证重点群体就业。2018年，国务院印发《关于推行终身职业技能培训制度的意见》，提出推行终身职业技能培训制度，全面推行企业新型学徒制，技能人才培养模式迎来重大创新。截至2018年，全国技能人才总量近1.7亿人，全年共组织各类职业培训1651万人次。

在办学体制上，2018年国务院印发的《关于推行终身职业技能培训制度的意见》中提出，"政府、企业、社会等各类培训资源优化整合力度，提高培训供给能力"。在人才评价机制上，以职业能力为导向的人才评价、技能等级制度逐渐健全。在资金投入机制上，"建立政府、企业、社会多元投入机制"。在职业培训监督机制上，要求从培训过程的监督管理、绩效考核等方面入手，加强培训机构的监督管理。

为了解决结构性就业矛盾、推动产业升级和积极应对国内外经济环境对就业的影响，2019年5月，国务院办公厅印发《职业技能提升行动方案（2019—2021年）》，强调要依法加强资金监管，定期向社会公开资金使用情况，加强监督检查和专项审计工作，加强廉政风险防控，保障资金安全和效益，全面提升劳动者职业技能水平和就业创业能力。❶ 这一方案还提出要大规模开展职业技能培训，加快建设知识型、技能型、创新型劳动者大军，促进技能人才队伍建设实现新的更大的发展。具体而言，职业培训将围绕"加快培养大批高素质劳动者和技术技能人才"的目标，坚持能力导向、市场导向、问题导向，实施国家职业技能提升行动，开展大规模的职业技能培训，计划用3年时间，使用1000亿的失业保险基金结余，补贴培训5000万人次，在培训质量上，明确到2021年年底，技能劳动者占就业人员总量的比例要达到25%以上，高技能人才占技能劳动者总量的比例要达到30%以上。

综上所述，21世纪以来，我国已经建立较为完备的职业培训工作法律法规政策体系，形成了以《中华人民共和国劳动法》《中华人民共和国职业教育法》《中华人民共和国民办教育促进法》《中华人民共和国就业促进法》为基本法律，以《工人考核条例》《企业职工培训规定》《职业技能鉴定规定》

---

❶ 贾旻，王迎春．新中国七十年成人职业培训发展历程、特征及启示[J]．中国成人教育，2019（24）：69．

等有关法规、规章相配套的职业培训法律法规政策体系框架。目前，基本形成以技工学校为骨干、企业培训机构以及大量民办培训机构为依托的职业培训体系。

截至 2017 年年底，全国共有技工学校 2490 所，民办职业培训机构近 2.04 万所，年培训各类劳动者合计 2058.2 万人次。初步建立了面向全体劳动者的终身职业培训制度；打破了职业技能评价与专业技术职称评审界限，贯通了高技能人才与专业技术人才职业发展通道；并开展了企业技能人才自主评价，充分激发技能人才立足岗位、奉献企业的热情。

2018 年，全国技能人才总量近 1.7 亿人，其中技师和高级技师等级的高技能人才近 4800 万人，全年共组织开展政府补贴职业培训 1651 万人次；有职业鉴定机构 8912 个，全年为 1135 万人提供职业技能鉴定服务，超过 900 万人获得不同等级资格证书；技工院校 2379 所，在校学生 341.6 万人，当年毕业生 90.3 万人，就业率 97.7%。2019 年，政府决定使用失业保险基金中的结余资金，用于组织大规模职业技能提升行动。2019 年开展各类补贴性职业技能培训 1500 万人次以上。

此外，职业分类和职业标准已成为职业培训和鉴定活动的重要依据，并逐步完善以赛促学、以赛促训、以赛促评、以赛促奖，建立健全以世赛为引领、国赛为主体、基层岗位练兵技术比武为基础的综合竞赛体系。其中，职业培训教材以职业标准为开发依据，突出技能训练、体现职业特色，截至 2018 年品种达到 2800 个，覆盖 40 多个专业（职业），能够满足不同技能等级、不同培训群体、不同培训期限的培训教学需要。技能竞赛活动蓬勃开展，技能人才表彰制度初步建立。❶

二、《出版专业技术人员继续教育规定》解读

关于出版专业技术人员的继续教育，《出版专业技术人员继续教育规定》进行了如下界定："是建设高素质专业化出版专业人才队伍的基础性战略性工作，必须坚持以习近平新时代中国特色社会主义思想为指导，紧紧围绕新时代

---

❶ 张斌，何绪军. 新中国职业培训 70 年回顾与展望 [J]. 中国人力资源社会保障，2020（1）：24-25.

宣传思想工作举旗帜、聚民心、育新人、兴文化、展形象的使命任务，不断增强脚力、眼力、脑力、笔力，打造政治过硬、本领高强、求实创新、能打胜仗的出版专业技术人员队伍，为推动出版业持续繁荣发展提供人才保证和智力支持。"

《出版专业技术人员继续教育规定》明确提出，出版专业技术人员享有参加继续教育的权利和接受继续教育的义务。国家新闻出版署和人力资源社会保障部负责对全国出版专业技术人员继续教育工作进行综合管理和统筹协调，制定全国出版专业技术人员继续教育政策，监督指导全国出版专业技术人员继续教育工作的组织实施。

出版专业技术人员继续教育内容包括公需科目和专业科目。国家新闻出版署会同人力资源社会保障部根据出版专业技术人员不同岗位、类别和层次，统筹规划继续教育课程和教材体系建设，定期发布继续教育公需科目指南、专业科目指南，对继续教育内容进行指导。

出版专业技术人员继续教育要根据出版工作特点，综合运用讲授式、研讨式、案例式等教学方法，积极探索适应信息化发展趋势的网络培训有效方式，统筹推进线上线下相结合的培训模式，充分运用"学习强国"学习平台优质资源，不断深化新知识、新技术、新技能等的培训。

具体而言，出版专业技术人员继续教育内容如下：

（1）公需科目包括出版专业技术人员应当普遍掌握的政治理论、法律法规、职业道德等基本知识。要把学习贯彻习近平新时代中国特色社会主义思想作为首要任务，坚持及时学、系统学、深入学，引导出版专业技术人员系统掌握科学体系、精髓要义和实践要求，真正做到学懂弄通做实。

（2）专业科目包括出版专业技术人员必须具备并应当掌握的出版政策法规、编辑业务知识，编校技能和质量要求，装帧和版式设计、信息资源集成开发、版权运营管理等专业知识，以及与行业发展相关的新知识、新技术、新技能。

出版单位应当依照法律、行政法规和国家有关规定提取和使用职工教育经费，为本单位出版专业技术人员参加继续教育提供保障和支持。出版专业技术人员经所在单位同意，脱产或半脱产参加继续教育活动的，所在单位应当按照国家有关规定，保障工资、福利等待遇。

出版专业技术人员可以选择参加继续教育的形式，每年参加继续教育的时间累计不少于 90 学时。其中，专业科目学时一般不少于总学时的三分之二。出版专业技术人员参加继续教育取得的学时，在全国范围内当年度有效，不得结转或顺延至下一年度。

《出版专业技术人员继续教育规定》详细规定了出版专业技术人员参加继续教育的具体形式和相关学时计算标准。概括而言，出版专业技术人员参加继续教育的形式非常丰富，主要包括：

（1）参加省级及以上新闻出版主管部门、人力资源社会保障部门及其公布的继续教育机构组织的面授、网络远程等继续教育活动。其中，面授培训每天按 8 学时计算，参加网络远程培训，按实际学时计算，每年最多不超过 40 学时。参加国家教育行政主管部门承认的本科及以上相关专业学历（学位）教育，获得学历（学位）当年度折算为 40 学时。

（2）承担省级及以上新闻出版主管部门或相关行业协会的出版类研究课题，或承担国家级科研基金项目。其中，独立承担省级及以上新闻出版主管部门或相关行业协会的出版类研究课题，或独立承担国家级科研基金项目，课题结项的，当年度每项折算为 40 学时；与他人合作完成的，主持人每项折算为 30 学时，参与人每人每项折算为 10 学时。

（3）在拥有国内统一连续出版物号、经国家新闻出版主管部门认定的学术期刊上发表出版类或与工作相关的学术论文，公开出版与工作职责相关的学术著作、译著和整理的古籍图书。其中，独立公开发表出版类或与工作相关的学术论文，每篇折算为 10 学时；与他人合作发表的，每人每篇折算为 5 学时。每年最多折算为 20 学时。独立公开出版与工作职责相关的学术著作、译著和整理的古籍图书，每本折算为 30 学时；与他人合作出版的，第一作者每本折算为 20 学时，其他作者每人每本折算为 10 学时。每年最多折算为 40 学时。

（4）担任省级及以上新闻出版主管部门或相关行业协会举办的培训班、学术会议、专题讲座等授课（报告）人，按实际授课（报告）时间的 6 倍计算学时。

（5）参加全国出版专业技术人员职业资格考试及命题、审题、阅卷工作。其中，参加全国出版专业技术人员职业资格考试，每通过一科，下一年度折算为 30 学时。参加全国出版专业技术人员职业资格考试命题、审题、阅卷，折算为 30 学时。

（6）参加所在单位或相关专业机构组织的与本单位出版范围相关的专业类培训，每年最多折算为 30 学时。

（7）参加省级及以上新闻出版主管部门组织的出版物质量审读、评审工作，折算为 30 学时。

（8）参加省级及以上新闻出版主管部门组织举办的编校大赛获得优秀以上等次，折算为 30 学时。

（9）省级及以上新闻出版主管部门、人力资源社会保障部门认可的其他继续教育方式。

出版专业技术人员继续教育学时登记采用以下两种方式：一是参加全国出版专业技术人员职业资格考试，或参加省级及以上新闻出版主管部门、人力资源社会保障部门及其公布的继续教育机构组织的培训，由省级及以上新闻出版主管部门根据继续教育机构或所在单位报送的继续教育信息，办理继续教育事项登记。二是参加除第一项以外其他形式的继续教育，应当在当年度登录国家新闻出版主管部门指定网站，按要求上传相关证明材料，申请办理继续教育事项登记。

关于出版专业技术人员参加继续教育学时的登记管理，《出版专业技术人员继续教育规定》明确要求：出版单位应当对本单位出版专业技术人员参加继续教育的种类、内容、时间和考试考核结果等情况进行记录，及时登录有关网站提交继续教育情况，完成学时审核登记的初审。省级新闻出版主管部门负责本地区出版专业技术人员继续教育学时审核登记的复审。国家新闻出版署负责全国出版专业技术人员继续教育学时审核登记的终审，以及中央在京出版单位出版专业技术人员继续教育学时审核登记的复审。省级新闻出版主管部门每年将本地区出版专业技术人员继续教育审核情况送同级人力资源社会保障部门备案。

《出版专业技术人员继续教育规定》也针对违反规定的相关从业人员、出版单位和继续教育机构，依据不同情况制定了具体处罚措施。对未按规定参加继续教育，无正当理由不参加继续教育或者在学习培训期间违反学习纪律和管理制度的出版专业技术人员，出版单位可视情给予批评教育、不予报销或者要求退还培训费用等。对违反规定的出版单位，由省级及以上新闻出版主管部门或人力资源社会保障部门责令改正。对出版专业技术人员存在继续教育学时造假等情形的，由省级及以上新闻出版主管部门或人力资源社会保障部门通报所在单位，暂停或暂缓职业资格登记注册（续展）。继续教育机构有下列情形之一的，由省级及以上新闻出版主管部门或人力资源社会保障部门责令改正，并依法依规进行处理：一是采取虚假、欺诈等不正当手段招揽生源；二是以继续教育名义组织旅游或与培训无关的高消费活动；三是以继续教育名义乱收费或只收费不培训，以及从事其他有关政策法规明令禁止的行为。

对于出版专业技术人员由于伤、病、孕等特殊原因无法在当年度完成继续教育学时的情况，可由所在单位提供证明，经省级及以上新闻出版主管部门审核确认后，应参加继续教育的学时顺延至下一年度合并完成。省级及以上新闻出版主管部门应当在下一年度的继续教育合格证书中予以注明。

《出版专业技术人员继续教育规定》明确由国家新闻出版署、人力资源社会保障部指导加强出版专业技术人员继续教育机构建设，鼓励并引导行业协会、高等院校、科研院所等具备培训条件的社会办学单位参与出版专业技术人员继续教育工作，推动构建分工明确、优势互补、布局合理、开放有序的继续教育培训体系。国家新闻出版署会以适当方式向社会公布承办出版专业技术人员继续教育的机构及其培训范围、教学内容、收费项目和标准等。各级新闻出版主管部门、人力资源社会保障部门直接举办的继续教育活动，应当突出公益性，不得收取费用。鼓励和支持出版企事业单位、高等院校和社会团体等举办公益性继续教育活动。

继续教育机构应当认真组织实施出版专业技术人员继续教育教学计划，根据考核结果如实出具出版专业技术人员参加继续教育证明。在工作中要突出政治引领，以提升思想政治素质和职业素养、创新创造能力为重点，建立健全继续教育培训内容更新机制。要把旗帜鲜明讲政治贯穿教学管理全过程，严格执行有关学员、师资管理规定，严肃讲坛纪律，加强学风建设，建立健全符合出版工作特点和出版专业技术人员成长成才规律的师资准入和退出机制，建立完备的继续教育师资库，严把政治关、质量关、纪律关，建设高素质高水平专业化的出版专业技术人员继续教育师资队伍。

省级及以上新闻出版主管部门、人力资源社会保障部门应当定期组织或委托第三方评估机构对本地区出版专业技术人员继续教育机构进行教学质量评估，评估结果作为评价继续教育机构办学质量的重要标准和承担下一年度继续教育任务的重要依据。

《出版专业技术人员继续教育规定》非常重视出版专业技术人员继续教育成效的考核与监督，明确要求出版单位应当建立本单位出版专业技术人员继续教育与使用、晋升相衔接的激励机制，把出版专业技术人员参加继续教育情况作为出版专业技术人员考核评价、岗位聘用的重要依据。出版专业技术人员参加继续教育情况，应当作为聘任专业技术职务或者申报评定上一级职称的重要条件，作为出版专业技术人员职业资格登记注册（续展）的必要条件。省级及以上新闻出版主管部门、人力资源社会保障部门应当依法对出版单位执行规定的情况进行监督。

值得注意的是，《出版专业技术人员继续教育规定》明确要求各省级新闻出版主管部门要加强对民营书业从业人员继续教育的政策指导，统筹协调优质培训资源共建共享，组织开展多层次、有针对性的专业学习和技能培训，健全完善民营书业从业人员继续教育培训机制，探索推进民营书业从业人员继续教育学时登记等工作。各民营书业企业要积极为所属从业人员参加继续教育创造便利条件。此外，中国人民解放军和中国人民武装警察部队所属出版单位出版专业技术人员继续教育工作，也要参照规定执行。❶

三、由互联网企业为主体，建立健全网络编辑职业培训体系

当前，网络编辑人才队伍还面临较大缺口。互联网企业要以实际需求为出发点，面向就业市场，大力开展非学历的职业培训，将岗位培训与职业教育相结合。在网络编辑的职业培训体系中，互联网企业应全面推行企业新型学徒制、现代学徒制培训，针对新进员工推进就业培训，并对全体员工进行岗位培

---

❶ 出版专业技术人员继续教育规定 [N]. 中国新闻出版广电报，2020-09-29（002）.

训。相关培训以企业自主举办、校企联合举办，以及相关各级管理机构、行业协会等举办的培训班、论坛、竞赛等各类职业培训活动形式为主，目的是提升员工职业道德、专业技能、基本素养等方面的能力与水平。

其中，互联网企业应针对网络编辑大力开展技能提升和转岗转业培训。包括岗前培训、在岗培训、脱产培训，开展岗位练兵、技能竞赛、在线学习等活动，大力开展高技能人才培训，也可根据实际需要组织实施高技能领军人才和产业紧缺人才境外培训。在培训内容方面，加强职业技能、通用职业素质和求职能力等综合性培训，将职业道德、职业规范、工匠精神、质量意识、法律意识和相关法律法规、就业指导等内容贯穿职业技能培训全过程。

按照"在国务院领导下，分级管理，地方为主，政府统筹，社会参与"的职业教育和职业培训管理体制，遵循"统筹规划、统一政策、规范办学、整合资源"的原则，相关管理部门应引导规模以上或者吸纳就业人数较多的互联网企业设立职工培训中心，支持企业设立高技能人才培训基地和技能大师工作室，支持企业联合职业院校开展补贴性培训，建设培育一批产教融合企业。❶

为了推动互联网企业的网络编辑职业培训工作进一步开展，应坚持面向社会，面向市场，采取积极有效的措施，调动社会各方力量兴办职业培训的积极性，充分发挥行业、企业、社会中介组织发展职业培训的作用。对于互联网企业来说，灵活运用劳动力市场工资指导价位制度和岗位技能工资政策，有利于建立培训、考核、使用相结合并与待遇相联系的激励机制，还可以配合大力开展职业技能竞赛活动来进行强化。此外，各级劳动保障监察机构要把职业资格证书制度和就业准入制度纳入劳动保障监察的范围，作为劳动保障监察的重点和执法检查的重要内容，进一步加大日常监察和专项监察的工作力度。

针对互联网企业与高校、高职的校企联合人才培养模式，以及与社会培训办学机构的常态化合作，各级管理部门应强化引导与监督管理。目前，网络编辑的职业资格评定工作正处于深化改革阶段，应充分考虑对于网络编辑的从业资格、岗位职能、执业培训等方面提供规范化体系保障，支持相关从业人员依法依规上岗就业和职级晋升。❷

---

❶ 李燕萍. 大陆地区公共就业服务与职业培训 [J]. 中国就业，2019（12）：13-15.
❷ 罗海波. 大力推进职业培训工作 [J]. 新东方，2004（12）：45-50.

四、丰富网络编辑的校企联合培训、继续教育等形式

《中华人民共和国职业教育法》第十四条规定："职业培训包括从业前培训、转业培训、学徒培训、在岗培训、转岗培训以及其他职业性培训，可以根据实际情况分为初级、中级、高级职业培训""职业培训分别由相应的职业培训机构、职业学校实施""其他学校或者教育机构可以根据办学能力，开展面向社会的、多种形式的职业培训"。❶

实施终身职业技能培训需要有政策法规体系作保障，目前政府部门没有制定明确、具体的实施终身职业技能培训的政策法规体系，不利于该制度的发展和完善。主要表现在：一是在职业培训机构设立条件、培训经费收支原则、质量监督与管理、评价与证书发放等培训过程主要环节没有明确的管理政策法规；二是在职业标准、等级分类、质量认证、培训教材开发、培训师资等方面没有明确的技术规范。

当前，我国还处于社会经济高速发展的初期，与发达国家提倡的职业技能培训提升终身化体系建设不同，由于中国企业受思想观念和视野的局限，不少企业对职业教育，尤其终身职业技能培训的定位偏低，导致终身职业技能培训功能缺失，体制不顺，内外衔接不畅，人才成长的上升通道不畅等，导致终身职业培训体系尚未形成。另外，职业培训的管理权分散在教育、人社等政府部门，管理体制不顺的问题一直存在，行业学校的办法主体在改革中被取消严重挫伤了企业主导技能培训的积极性，职业院校认为只有学历教育才是正道，开展职业培训只是副业，是创收的一种手段。职业资格证书制度作为国家科学评价人才、推动劳动就业的制度，在人才队伍建设等方面发挥了积极的作用，但存在证书过多过滥，发证机关混乱，在一定程度上作为一个"壁垒"限定了普通民众进入，扭曲了技能价值等产生了这样或那样的诟病。❷

在推进简政放权背景下，国家弱化资格证书制度中的行政职能，推动市场化职业水平评价，2013 年至 2016 年年底逐步取消了 70% 国家职业资格认

---

❶ 关裕泰. 职业培训 50 年 [J]. 中国培训，1999（10）：15.
❷ 万安伦，刘浩冰，庞明慧. 编辑出版人才培养 40 年：阶段历程、培养机制及问题挑战 [J]. 中国编辑，2019（1）：38-43.

证许可。新修订颁布的《中华人民共和国职业分类大典》只列入 140 多项认证职业。国家改革的目的是逐步建立由行业协会、学会等社会组织建立市场化、科学的水平评价职业资格体系，促进各类人才发展建设。但国家职业资格许可认证减少的同时，市场化职业水平评价体系未及时建立和得到政府认可，参加培训人员无法拿到政府补贴，降低了劳动者参加培训的积极性。被取消的职业领域，因岗位要求和职业标准的缺失，培训和效果评价也就少了依据，以市场导向、就业导向的校企合作职业培训难以存续。❶

为适应国际国内形势变化，我国网络编辑专业培训还应着重加强以下三方面建设。

1. 以习近平新时代中国特色社会主义思想为引领，加强政治理论教育与培训

针对网络编辑从业人员的各级各类培训和专业资格评定中，应以习近平新时代中国特色社会主义思想为指导，结合国家网络强国、出版强国战略和构建网络命运共同体等发展理念，深入开展系统政治理论与马克思主义新闻出版观教育，加强政治理论知识与素养考核，激发从业人员的社会责任意识与文化使命担当。

2. 立足互联网络综合治理体系建设，强化法制观念与版权意识培养

截至目前，我国已经形成较为完善的网络安全与版权保护法律法规体系。网络编辑专业人才培养应重视引导从业人员，明确开展全网络综合治理的重要意义，落实意识形态工作责任制，建立健全内容审核机制，严格依法依规出版，认真配合各级管理部门开展的各种专项整治行动，担负起把关网络内容生产与传播的重任。

3. 把握互联网新技术与新趋向，建立健全网络信息内容生产与传播机制

结合国际形势变化和具体国情，网络编辑资格评定与职业培训应强化习近平新时代中国特色社会主义思想和社会主义核心价值观，积极探索科技与文

---

❶ 周德锋，崔媛. 终身职业技能培训视域下校企合作职业培训对策探讨 [J]. 中外企业家，2020（12）：154-155.

化创新，不断更新内容，引导从业人员有效利用人工智能、大数据、云计算、5G、区块链、物联网等新技术，建立健全针对文字、图片、语音播报、短视频、动漫、AI写作等多种形式内容的事前、事中、事后监控把关机制，固守从业底线与红线。

随着网络安全建设日臻完善，特别是5G等新技术日益成熟，网络编辑专业人才培养中技术层面、操作层面的问题无疑将得到进一步化解。各级管理部门在规划网络编辑专业教育与职业培训时，可以充分利用直播、视频、小程序打卡签到、微信群互动等方式，提升个性化服务质量与定制化体验。为了提升网络编辑从业人员的职业道德、技能水平和创新创业能力，部分专业教育、职业培训、竞赛、活动等也可以尝试向全流程线上化转型。

第四节　网络编辑人才培养模式创新趋向及发展对策

当前，我国网络编辑，尤其是复合型应用人才的培养与实际需求之间还存在较大缺口。在20世纪末，各大网站的编辑队伍以计算机学科背景的从业人员为主。进入21世纪以来，网络编辑队伍的构成日趋多元化，具有社会学科背景的编辑大量增加。随着互联网在国家政治、经济和文化等方面的作用与地位日益凸显，网络编辑人才培养应进一步强化从业者的网络文化建设者与网络舆论引导者角色。

一、网络编辑人才培养模式的创新趋向

1. 建立健全网络综合治理体系，强化网络编辑队伍规范化建设

随着互联网络等新媒体的迅猛发展，我国网络编辑人才需求持续增长。为了落实党和国家确立的网络强国、人才强国战略，就需要培养大量能力强、素养高的网络编辑队伍，为社会主义经济、文化发展提供强大动力。目前，我国网民总量已经突破9亿，互联网不仅是社会信息交流的平台，更是影响民众

社会认知、思维方式和价值观念的重要渠道。为了助力网上网下形成同心圆，各级管理部门应当以政治立场坚定、专业能力精湛、人文素养深厚、编辑作风优良的复合型网络编辑人才培养为目标，充分动员国家、社会、行业、高校、研究机构、个人等多方力量，从理念、制度、内容、形式、体制、机制等方面协同推进网络编辑人才培养模式创新。

2019 年，陈霞在《新媒体网络编辑职业现状及发展前景》一文中这样写道："面对巨大的需求缺口，很多门户网站对新媒体文学网络编辑聘用的门槛较低，相关培训教育组织不力，没有为之提供理想的职业规划，导致人力资源结构素养参差不齐，限制了自身的可持续发展。"❶ 近年来，我国越来越重视网络科技、网络编辑、网络运营、网络管理等人才培养，各级管理部门加强了对包括文学编辑在内的网络编辑队伍建设，逐步明确各级各类岗位职责与要求，并组织多样化的培训教育活动。在当前复杂的国际形势下，要建设网络强国，必须以网络人才队伍建设作为重要基础。

网络编辑是网络人才队伍中的核心力量之一，肩负着把关网络信息内容生产与传播的重任。为了保障网络出版服务单位为亿万网民提供优质网络出版物，网络编辑必须明确互联网绝不是法外之地，坚决杜绝利用网络散布不良信息内容，以及进行欺诈、教唆、恐怖、暴力、色情等活动。近年来国家新闻出版广电总局、中宣部、工信部、国家版权局等多部门联合开展网络综合治理，持续推进"净网""剑网""护苗""扫黄打非"等专项行动，对多家网站、平台、App 等进行关停、整改，有效提升网络出版物质量，打击网络侵权盗版问题，保障网民特别是未成年人身心健康发展。各级管理部门依法加强网络空间治理，要坚持以人民为中心，培育向上向善、健康积极的网络文化，逐步完善网络编辑专业技术资格评价与考核标准，拓展网络编辑职业教育与培训渠道，落实出版物内容审核责任制度、责任编辑制度与责任校对制度。网络编辑应积极参与互联网综合治理体系建设，树立底线与红线意识，确保依法依规出版，切实落实重大选题备案等相关制度，建立健全全流程、立体化把关机制，保障网民特别是未成年人合法权益。

---

❶ 陈霞. 新媒体网络编辑职业现状及发展前景 [J]. 中国报业, 2019（18）：38-39.

值得注意的是，近年来国家持续出台相关政策，保障网络出版服务单位依法从事网络内容生产与传播，不受任何组织、个人的干扰、阻止和破坏。网络编辑应自觉传播优秀文化、倡导科学精神，重点引导出版国家支持、鼓励的优秀、重点网络出版物，积极宣传宪法确定的基本原则，弘扬社会主义核心价值观和中华民族优秀文化，倡导社会公德、职业道德、家庭美德和个人品德，开展形式多样的社会主义、爱国主义、集体主义教育，促进民族团结与国际文化交流，推进文化创新。

2. 适应移动互联网发展，探索网络编辑跨界融合

移动互联网的兴起，将移动通信和互联网相结合，10年来改变了互联网络的原有格局，带来了网络服务行业的重要转型与发展，也根本地改变了人们的工作、学习、生活与娱乐方式。

根据导航网站（www.2345.com）的分类方法，我国网站主要涵盖生活网站、娱乐网站和其他网站三大类。网络编辑根据所属的不同网站，以及不同工作流程与岗位设置，其工作内容与形式均有不同侧重。2020年7月10日，笔者通过在新浪、搜狐等较为成熟的门户网站上进行相关查询发现，由于网站包括首页、栏目、论坛等重要组成部分，网络编辑还可以相应地分为网络首页编辑、网络栏目编辑、网络论坛编辑等类型。从本质上讲，网络编辑虽然类型不同、岗位不同，但目的都是满足全媒体时代网民的多层次需求，因此跨界融合发展是大势所趋。随着社会发展和科技水平提升，现在的网络编辑不仅需要全流程跟进，打通选题策划、内容审读、编辑加工、校对发布等环节，往往还集组织、运营、维护、管理等多重角色与任务于一身。

网络编辑要善于学习，有意识地追踪时代、社会与科技发展前沿，针对网民关注的热点、重点问题组织策划选题，重视信息内容的深度加工，主动拓展网络信息内容的传播渠道与传播方式，激发网民参与、监督国家大事的主动意识与能力。尤其是针对青少年处于人生成长关键期、好奇心强的特点，网络编辑除了有效利用人工智能等技术手段，还应积极尝试综合运用文字、图片、音频、视频、动漫、游戏等媒体融合形式，传播针对性正能量内容，寓教于乐、强化互动性，更好发挥对青少年的正向引导作用。我国落实网络强国、文化强国战略，实现中华民族伟大复兴的中国梦，都需要发挥舆论监督包括互联网的监督作用，建设先进、健康的网络文化。

党的十九大期间，央视财经、腾讯地图曾将地图定位技术与网络新闻编辑工作相结合，联合制作了《为十九大打 CALL》节目。用户点击地图上相关链接后，就能够用红心标志自己身处位置并获取会议资讯，这一探索极大地增强了受众的参与感和代入感，节目吸引千余万人参加，称得上是一次跨界融合的成功尝试。❶

3. 增强服务意识，提升与网民互动能力

无论从属于何种网络内容服务机构，网络编辑的工作全流程从市场调研、信息获取、选题策划、内容把关、编辑加工，到运营发布、互动传播，都应以人民为中心，积极为广大网民提供优质服务。中国编辑学会电子网络专业委员会（筹）部分在京常务委员单位和数字出版先行单位曾于 2007 年 12 月 23 日召开工作交流会，研讨数字编辑出版工作标准规范问题，提出按照"外接国际，内依国标，兼顾先行社，注重自有知识产权"原则建立先进、可用的基本标准规范体系。❷

当前，网民对网络信息内容的生产、传播，以及网络文化建设日益发挥不可忽视的重要作用。许多网民不仅身兼读者与作者两种身份，而且通过点赞、打赏、送礼物等方式影响作者创作与网站业务发展。此外，部分网民往往通过留言、举报等方式，主动发挥对于网络信息内容把关的监督作用。

网络编辑应进一步增强服务意识，在依法依规出版的前提下，强化与网民的互动交流，通过微博、微信、投票、有奖征集等多种活动形式有效激励网民参与，以提升传播效果。网络编辑要随时关注国际国内新闻时事，了解社会、民生热点问题，配合有针对性的前期调研，明确网络平台信息内容特色与目标受众需求，协调技术、运营、管理等各方力量，针对网民反馈创新选题策划。

---

❶ 刘婧媛. 融媒体网络编辑的机遇与挑战 [J]. 新闻研究导刊，2018，9（13）：176-177.
❷ 田胜立. 中国编辑学会电子网络专业委员会（筹）部分在京常务委员单位和数字出版先行单位工作交流会召开 [J]. 中国编辑，2008（1）：10.

4. 以赛代练，全国网络编辑大赛等成为人才培养重要园地

借助于国家和地方、专业领域各级各类网络编辑技能竞赛与相关活动，作为学校专业教学的辅助训练，我国高等院校、职业学校、科研单位、行业协会、互联网企业通力合作，在网络编辑人才培养方面颇有贡献。尤其是诸如全国大学生网络编辑创新大赛、中国大学生新媒体创意大赛、全国大学生数字编辑大赛等全国网络编辑技能大赛，更是引导和提升学生实践能力、拓展网络编辑人才培养渠道的重要园地。

以2015年创办的全国大学生网络编辑创新大赛为例。该大赛由中国编辑学会主办，电子网络编辑专业委员会组织实施，创办以来由于得到各相关单位与高校师生的大力支持，涌现出一大批优秀成果、作者和指导教师，社会影响力日益扩大。该大赛着力引导大学生创新创业实践，不仅是我国网络编辑人才培养成果展示与交流的重要平台，而且有力促进了网络编辑优秀人才甄选与相关成果转化。不少参赛并获奖的大学生们在就业、深造等方面颇受助益，各参赛高校相关专业的师生也受到激励，催生了众多产学研协作成果。

通过参加"全国大学生网络编辑创新大赛"，上海出版印刷高级专科学校以培养互联网站内容建设高级专业人才为目标，将校内实训项目与专业型技能竞赛相结合。针对设计制作类参赛作品要求，相关教师指导学生完成自主策划、设计与制作网站，有效提升学生综合运用专业理论知识解决实际问题的能力。2019年，第五届全国大学生网络编辑创新大赛成功举办，主题为"大数据时代网络编辑与新媒体的责任与创新"，充分展示了中华人民共和国成立70周年以来的发展成就与大学生新媒体编辑创新成果。此次大赛中，东北、西北、华北、华中、华东、华南、西南等各分赛区的承办单位多为高等院校和职业学校，师生踊跃参赛，作品形式多样，内容主题非常丰富，涵盖中华人民共和国成立70周年年度专题，以及科技教育、环境生态、历史文化、社会生活、"三农"、财经等主题。

5. 提升网络安全意识，加强网络编辑风险防控培训

互联网络安全关系国计民生，当前世界各国都非常重视网络安全人才培养。2016年2月19日，习近平主持召开党的新闻舆论工作座谈会，在讲话中指出，党的新闻舆论工作必须创新理念、内容、体裁、形式、方法、手段、业态、体制、机制，要加快培养造就一支政治坚定、业务精湛、作风优良、党和人民放心的新闻舆论工作队伍。党的十九大报告中明确提出："加强互联网内容建设，建立网络综合治理体系，营造清朗的网络空间。"

由于网络安全人才缺口较大，大量互联网平台和网站不得不依赖网络编辑进行安全把关与舆情应对。国家相关管理部门与互联网企业应落实"互联网+"发展理念与网络强国战略，联手推进针对网络编辑的培训，引导从业人员充分利用入职培训、岗位培训、专业培训、技能竞赛等各种方式，提升关于网络安全的知识、能力与素养。

二、网络编辑人才培养的发展对策

1. 贴近地域行业发展实际，建立健全产学结合优化人才培养体系

新形势下，网络编辑人才培养事关国家互联网安全与文化强国战略，政府、行业与企业应当携手合作，有效推进网络编辑人才培养模式创新。

为了引导学生理论联系实际、贴近行业发展，有高校提出"面向应用，道德引领，才能担当，技能优化，产学结合"的"1+3+1"人才培养模式，有益于提升专业人才培养的平台适应力、信息掌控力、产品原创力、用户亲和力和平台创新力。与此同时，部分学校非常重视理论联系实际，充分发挥地域性技能竞赛在网络编辑专业建设中的促进作用。

例如，福建信息技术学院新闻采编与制作（网络编辑）专业探索采用"项目制作"人才培养模式，立足品牌形象构建与传播，以赛代练，积极组织学生策划、制作作品参加各级各类比赛。该校 2015 届学生小组创作的《恰时光年少》在"向上·向善"首届福建省大学生微电影大赛暨第二届金海峡国际微电影节上成为唯一入选的高职院校学生作品，获得最佳微电影提名，并获得年度全国职业院校学生技术技能创新成果交流赛三等奖。在第七届海峡两岸信息服务创新大赛暨福建省第十一届计算机软件设计大赛上，该校 2018 届学生的原创动画作品"功夫鸡"获得一等奖。

2020 年，突发的新冠疫情打乱了世界各国政治、经济和文化等各方面规

划。我国党和政府坚持以人民为中心，贯彻"互联网+"思维，发掘人工智能、大数据、云计算、区块链等新技术的潜能，积极应对新冠疫情带来的变化。以高等院校、职业学校、行业协会为主导，网络编辑人才培养的各方力量也积极创新，利用互联网、局域网、移动通信等形式，突破时空限制开展在线教育如"云课堂""云培训"，不仅成功做到"停课不停学"，而且开展了多种多样、丰富多彩的活动。各级管理部门在规划网络编辑专业教育与职业培训时，充分利用直播、视频、小程序打卡签到、微信群互动等方式保障个性化服务质量与定制化体验。为了提升网络编辑从业人员的职业道德、技能水平和创新创业能力，部分专业教育、职业培训、竞赛、活动等也可以尝试向全流程线上化转型。

2. 加强政策、资金等支持，创新网络编辑人才评价与激励体制机制

从 2005 年到 2016 年，网络编辑员在被写入职业大典期间，相关从业人员队伍获得了较大发展。事实上，即使在被取消职业资格认定之前，不同地域、不同岗位的网络编辑们所获得的薪酬与职业培训机会也并不均等。目前，我国网络编辑从业人员数量庞大，而且相关领域复合型、高素质人才需求还在持续增长。

根据 2014 年周葆华、寇志红、郭颖的《网络编辑生存大调查》，被调查者中 64.3% 没有评定职称，68.8% 月薪在 2001 元至 6000 元，网络编辑岗位从业者占比为 78.9%。在职业认同与职业伦理层面，被调查者认为网站编辑记者职业的社会地位位于中等水平，不太满意工作报酬、福利待遇、升迁机会，最不认同目前存在的"接受被报道者现金馈赠""在企业兼职""为企业担任公关工作"等行为，"缺乏职业前景"位居生活难题第三位。❶ 2017 年，孙钰、李丽萍在《网络编辑生存实况调查》中指出，北京市开展数字编辑专业技术资格评定，为大量网络和新媒体从业者提供了"正名"通道。按照掌阅文化总编辑谢思鹏的说法，十年间网文行业的流变，对网络编辑的核心工作影响主要体现在：2008 年以前网站签约主要考虑的是 PC 端用户的需求，现在则更关注签约作品的移动阅读特性，而且在网络销售的同时要更多考虑作品的 IP 衍生价值。

---

❶ 周葆华，寇志红，郭颖. 网络编辑生存大调查 [J]. 网络传播，2014（2）：19-21.

掌中文学网总编孔令旗则认为："团队新老结合，合作为主，适度良性竞争。员工每年都要有蛹变蝶飞般的进步。"❶

目前，互联网日益成为创新驱动发展的先导力量。我国非常重视强化互联网思维，坚持以先进技术为支撑、内容建设为根本，推动传统媒体和新兴媒体在内容、渠道、平台、经营、管理等方面的深度融合，形成立体多样、融合发展的现代传播体系。新形势下创新网络编辑的人才培养模式，需要深化政府、高校、行业协会与互联网企业之间的联动合作，建立健全适应网络编辑成长与发展的专业技术资格认证、终身教育、薪酬福利、职业规划等制度。

近年来，国家在进一步加强政策资金支持、引导网络平台建设、拓展新技术业态、完善经营管理的同时，非常重视媒体融合发展的人才队伍建设。2014年2月27日，习近平在中央网络安全和信息化领导小组第一次会议上的讲话中强调："建设网络强国，要有自己的技术，有过硬的技术；要有丰富全面的信息服务，繁荣发展的网络文化；要有良好的信息基础设施，形成实力雄厚的信息经济；要有高素质的网络安全和信息化人才队伍；要积极开展双边、多边的互联网国际交流合作。"2016年2月19日，习近平主持召开党的新闻舆论工作座谈会并发表重要讲话，肯定要推动媒体融合发展，"主动借助新媒体传播优势"，"融合发展必须坚持内容为王，以内容优势赢得发展优势"。2016年4月19日，习近平在网络安全和信息化工作座谈会上指出："建设网络强国，没有一支优秀的人才队伍，没有人才创造力迸发、活力涌流，是难以成功的。念好了人才经，才能事半功倍。"❷

网络空间的竞争，归根结底是人才竞争。为了保障我国网信事业的健康发展，在建设一流网络空间安全学院的同时，还要注意相关人事制度、薪酬制度遇人才评价体制机制建设，重视人才培养的实用性、专业性与复合性，推进科研成果、知识产权归属、利益分配机制创新，不断提高我国在全球配置人才资源的能力。北京市探索建设数字编辑专业技术资格认证制度，在一定程度上为网络编辑的职业发展拓展了上升通道。

---

❶ 孙钰，李丽萍．网络编辑生存实况调查（上）[N]．中国出版传媒商报，2017-03-28．
❷ 中共中央党史和文献研究院．习近平关于网络强国论述摘编[M]．北京：中央文献出版社，2021：34，68-69，37．

3. 适应网络等新媒体发展趋势，强化网络编辑的安全意识与能力培养

2014年，习近平在《致首届世界互联网大会贺词》中明确指出："当今时代，以信息技术为核心的新一轮科技革命正在孕育兴起，互联网日益成为创新驱动发展的先导力量，深刻改变着人们的生产生活，有力推动着社会发展。"伴随着互联网的深入发展，各国政府普遍关注网络安全，越来越重视网络服务管理。的确，近年来互联网为人们的工作、学习、生活、娱乐等方方面面都带来了巨大变化。尤其是新冠疫情期间，许多人都通过网络足不出户就完成了诸多事务。但是，应当承认，由于网络具有虚拟性、快捷性、互动性等特点，对于亿万网民的网络行为及其后果进行有效监管的难度非常大。面对网络攻击、诈骗、恐怖、色情、暴力等问题，不仅各国政府及相关管理部门纷纷探索如何从制度、体制、机制等方面加强管理，而且全球化的互联网合作治理也在有效开展。

未来我国的网络编辑人才培养，应将网络安全作为国家安全的重要组成部分，重视提升网络编辑的安全意识与把关能力。尤其要注意强化网络编辑的法律法规培训与考核，提升其职业敏感度，能够第一时间敏锐发现、准确识别、有效处理那些别有用心，企图利用网络传播民族分裂、宗教极端主义思想，或者教唆暴力、恐怖活动的不法行为。互联网不是法外之地，只有坚决制止和打击网络不良信息内容的生产与传播，才能保障国家安全与民族复兴。

党和政府为了保障亿万网络用户的安全，持续建立健全相关法律法规体系，强化知识产权保护，加强对网络内容服务单位的主体责任监管。随着网络立法进程的加快，互联网企业进一步明确其担负的文化、经济、法律、社会责任，自觉强化网络编辑队伍建设。未来相关人才培养，应依托统一、高效的网络安全风险报告机制、情报共享机制、研判处置机制，重视提升网络编辑的安全意识与风险防控能力。

当前，网络空间竞争在世界各国竞争中的重要地位日益显现，为了建设中华民族共同的精神家园，各级管理部门要从网络文化建设与民族文化发展的高度来认识和强化网络编辑人才培养。毋庸讳言，网络编辑队伍建设的困难之一就是人员流动性较大，特别是年轻一代网络编辑跳槽频繁，职业稳定性亟待加强。这主要是因为针对网络编辑人才还缺乏规范、统一的培养与评价标准体系。

只有立足于网络安全、国家安全，切实落实供给侧改革目标，以制度建设与体制机制完善为网络编辑队伍建设的结构合理化、能力专业化与素养复合化提供保障，才有利于网络生态得到有效净化，建成风清气朗的网络空间。

4. 树立全程培养理念，构建多层次终身职业培训体系

2019 年，姚贵平针对来自全国 26 个省（自治区、直辖市）各类出版机构的 305 名策划编辑、文稿编辑、营销编辑进行问卷调研，并结合部分出版机构访谈，提出要落实"编辑是第一资源"的理念，认为应当为编辑人员的职业发展提供充分保障与适宜机会，按照"调研—分析—选择—试用—修订—使用—反馈—再调整"的流程，系统设计编辑职业培训内容。❶

为适应人工智能、大数据及 5G 等科技发展，网络内容生产与传播也日益呈现出专业化、分众化特点，未来网络编辑的人才培养应着力向专业性、复合型发展。网络编辑队伍不但应具备网页编辑能力、专业业务素养、创新策划能力，还应充分了解用户特性，具备高度的职业责任意识与创新意识。❷ 为了保障网络编辑人才培养的整体水平，各级各类培训应当对接网络内容生产与传播全流程，优化培训内容与形式，针对不同年龄、不同岗位、不同职业发展阶段的网络编辑开展全员培训。

我国相关管理部门近年来着力完善制度体系建设与经费保障，积极引导互联网行业协会、企业与高校、研究机构联合开展人才培养。未来政府应当继续推进相关制度建设，协调产业、行业、企业力量，利用大数据、人工智能等创新技术，针对网络编辑的职业特点，建立健全适应不同岗位、职级、年龄层次的网络编辑培训服务平台，统筹建设网络编辑终身职业技能培训教学资源，为从业者提供终身职业技能进阶规划。未来还应进一步在政产学研多方共建共享的模式下协同合作，并推进完善共建共享体制机制，指导相关人员根据职业

---

❶ 姚贵平. 编辑职业培训的现状调研及对策建议 [J]. 中国编辑，2019（11）：39-43.
❷ 李蕾. 论复合型网络编辑人才的培养 [J]. 传播力研究，2019（3）：128.

成长规划开展线上线下学习、职业技能认证等，满足互联网企业及网络编辑终身职业技能进阶的个性化需求。❶

---

❶ 周德锋，崔媛.终身职业技能培训视域下校企合作职业培训对策探讨[J].中外企业家，2020（12）：154-155.

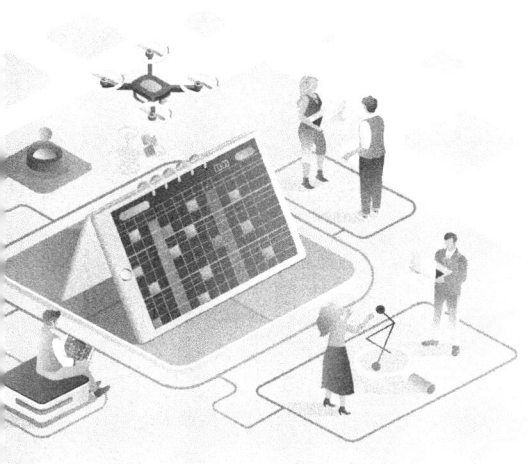

第七章
全媒体时代网络编辑的文化使命

全媒体时代，网络日益成为民众获取信息、知识的重要平台。网络文化在对传统文化产生巨大冲击的同时，也成为民族文化的重要组成部分，并以互联网络为依托与各国文化发生碰撞、交流与融合。在我国新时代文化建设与发展的历史进程中，网络编辑作为网络内容生产与传播的把关人，具有重要地位，其作用不可或缺。为了积极推进文化强国、网络强国建设，网络编辑要积极加强网络内容建设，宣传社会主义核心价值观，以人民为中心，弘扬正能量，培育积极健康、向上向善的网络文化。

第一节　坚持以人民为中心，推动社会主义网络文化建设

中国一贯重视文化建设，坚持走中国特色社会主义文化发展道路，坚持文化事业和文化产业共同发展，以建设社会主义文化强国作为重要目标。近十年来，我国一直围绕着建设社会主义文化强国的目标，积极推进文化体制改革，促进社会主义文化的发展与繁荣。网络编辑应当站在中国特色社会主义文化发展的高度，系统认识当前网络文化建设在国家发展、民族复兴事业中的重要地位与作用，厘清自身在网络文化传播中的工作方向、任务与思路，坚定文化自信，秉持爱国之心，保障国家网络文化安全，发挥正确导向与引领作用。

一、明辨是非，把握网络空间文化建设主导权

身处全球大发展、大变革、大调整时期，网络强国战略的确立是针对新形势下国家发展方向的重要历史定位。在世界各国激烈的文化竞争背景下，尤其是部分国家针对我国的意识形态领域斗争日趋隐蔽、复杂，看似寻常的互联网信息内容传播对于国家安全的战略影响日益凸显。

当前，互联网正日益成为全球舆论斗争的主战场。世界各国都在努力利用互联网传播、增强文化影响力。不同国家、不同民族之间的博弈与对抗，也或隐或现地通过网络话语权斗争得以体现。广大网民在看到网络上流传的信息、新闻、知识等内容，特别是一些所谓的"热点"话题和网络大咖的评论时，往往很容易受到影响。而国内外一些别有用心的反华势力，常借助网络贬低中国文化，传播虚假信息，歪曲事实，甚至制造网络谣言，触及法律底线，抹黑中国政府、民间组织、企业或公众，造成负面影响。

作为网络信息内容生产与传播的主体，网络编辑肩负着保障网络空间安全、建设网络文化的重任，要对国内外敌对势力妄图利用互联网对抗、扳倒中国的图谋时刻保持清醒认识。为了引导数以亿计的广大网民，网络编辑要自觉强化政治理论学习，提高政治敏感度，站在维护国家网络空间安全的高度，增强思想舆论领域的阵地意识，加强内容审核把关，掌控网络传播话语权，重视网络信息、知识内容所包含的价值取向，积极传播正向世界观、人生观、价值观和审美趣味。

正如2013年8月19日习近平在全国宣传思想工作会议上的讲话中指出的，思想舆论领域大致有"红色""黑色"和"灰色"三个地带。其中红色地带是思想舆论的主阵地，主要由主流媒体和网上正面力量所构成，也是网络编辑应着力巩固和强化、拓展的。与之相对应的黑色地带，主要由网上和社会上一些负面言论所构成，是国际国内各种敌对或反华势力活跃的领域，网络编辑应当保持警惕。居于红色地带和黑色地带之间的是灰色地带，网络编辑"要对灰色地带大规模开展工作，加快使其转化为红色地带，防止其向黑色地带蜕变"[1]。

2013年11月，党的十八届三中全会通过《中共中央关于全面深化改革若

---

[1] 中共中央党史和文献研究院. 习近平关于网络强国论述摘编 [M]. 北京：中央文献出版社，2021：52-53.

干重大问题的决定》，针对互联网管理提出"积极利用、科学发展、依法管理、确保安全"的十六字方针。2014年2月，我国成立网络安全和信息化领导小组，习近平担任组长，李克强、刘云山担任副组长。这些举措反映出党和政府加强网络空间安全管理体制建设的决心，开启了我国网络空间安全的新时代。近年来，随着网络强国等国家发展战略的提出，我国网络安全的顶层设计不断完善，《中华人民共和国国家安全法》《中华人民共和国网络安全法》和《中华人民共和国电子商务法》等法律相继颁布。

网络编辑在开展网络信息、知识生产传播与服务时，应遵守宪法和上述网络安全法律，自觉强化职业敏感度与政治辨别力，及时发现并处理利用网络从事危害国家安全、网络安全，宣扬恐怖主义、极端主义、民族仇恨、民族歧视，传播暴力、淫秽色情信息，以及编造、传播虚假信息扰乱社会秩序和经济秩序，侵害他人名誉、隐私、知识产权和其他合法权益等活动。尤其是对于那些在网络上企图煽动颠覆国家政权、推翻社会主义制度，或者煽动分裂国家、破坏祖国统一的违法言论及行为，网络编辑在创新科技应用、强化审核把关、落实安全防护主体责任的同时，也要采取多种形式发动广大网民进行举报，支持国家相关管理部门依法查处。

二、融合创新，丰富网络文化传播方式与途径

随着互联网，特别是移动互联网的发展，我国网民规模持续扩大，目前已接近10亿人。网络编辑应跟踪了解前沿科学技术，积极关注媒体融合发展，探索互联网上信息、知识、思想、文化的传播形态和样式创新。

近年来，我国传媒产业借助于移动互联网、智能终端、大数据、云计算、5G等新一代信息技术获得迅猛发展。在"第三次工业革命"的大潮中，"如果实现了通过互联网平台汇集社会资源、集合社会力量、推动合作创新，形成人机共融的制造模式，那将使全球技术要素和市场要素配置方式发生深刻变化，将给产业形态、产业结构、产业组织方式带来深刻影响"❶。从这一角度思考，我们不难发现，借助于网络媒体，网络编辑在创新互联网文化，发展数字经

---

❶ 中共中央党史和文献研究院. 习近平关于网络强国论述摘编[M]. 北京：中央文献出版社，2021：105.

济，提升国家文化软实力及影响力等方面具有巨大潜力。

根据第 47 次《中国互联网络发展状况统计报告》的相关统计数据，我国网民中"学生"的比例超过 1/5，10 岁以下的网民数量占比为 3.1%。

可见，网络编辑在建设网络文化的过程中，要贯彻以人民为中心的理念，必须充分关注学生网民群体，尤其是未成年网民群体。互联网不仅帮助全国的青少年完成在线教育任务，而且是他们获取信息、知识、思想、文化的首要渠道。对部分青少年网民而言，网络不仅意味着学习、生活的虚拟空间，更是他们赖以生存的"真实"社会。

为了更好地引导青少年网民成长，网络编辑要借助于新兴技术应用，充分融合文字、图画、音视频、动画等多种媒体表现形式，有意识地在网络内容中融入中华民族优秀传统文化、革命文化和社会主义先进文化，发挥网络迅捷、广泛、互动性强等特征，积极传播正能量，满足青少年网民的多层次阅读需求。

当前，互联网不仅对青少年网民的价值观、世界观、人生观的形成起着重要作用，而且在塑造、传承民族文化精神方面的作用日益显现。在数千年的发展过程中，世世代代中华儿女前赴后继培育了博大精深的中华文化，为中华民族的生存与发展提供了强大精神支撑，奠定了坚实的思想基础。笔者认为，个别网络编辑之所以受经济利益驱动生产和传播虚假信息、低俗内容，很大程度是源于对中华文化的不了解、不认同、不自信。

正如美国学者塞缪尔·亨廷顿所指出的，冷战结束后"全球政治开始沿着文化线被重构"[1]。世界各国都日益重视文化建设对综合国力的影响。网络编辑担负着强化网络文化建设与管理，维护国家文化安全、建设中国特色社会主义文化的重要任务。网络编辑应当坚定文化自信，充分认识中华民族文化的内涵、品格与优长，借助于先进科学技术，为广大网民，特别是青少年网民提供数量多、质量高的精神食粮。

在世界全球化、多极化的发展背景下，中华文化充分展现出开放包容、自我革新的气度。网络编辑身处不同文明互鉴、博弈的网络空间，对于我国社

---

[1] 塞缪尔·亨廷顿. 文明的冲突 [M]. 周琪，等，译. 北京：新华出版社，2013：3.

会主义先进文化、革命文化、优秀传统文化的认同与传播，应与新时代中国特色社会主义现代化建设的现实相结合，并推动中华文化的国际传播，发挥在构建人类命运共同体方面的积极影响。尤其是在对于各行业与各领域的创新发展成果、先进人物进行宣传的过程中，可以运用网言网语和网民喜闻乐见的形式，融入中国特色社会主义的共同理想、核心价值观、爱国主义精神、集体主义精神、社会主义荣辱观和民族复兴的中国梦等，激发青少年网民立志报国、投身时代大潮的担当意识，唤醒广大网民深层民族文化心理中伦理道德及审美的优秀传统文化影响因子，建设向上向善的网络文化。

三、强化舆论引导，重视网络文化传播导向

近年来，党和国家持续增加网络基础设施建设投入，在政策、资金、人才等方面大力支持网络文化产业发展，推进大数据、区块链、人工智能等新技术进步，大批新闻网站、文学网站、知识服务平台等如雨后春笋般纷纷涌现。我国相关管理部门通过建立健全依法治理体系等方式，加大网络安全保护力度，建立网络安全评估机制，积极规范网络文化建设。近年来持续开展的"净网""护苗""剑网"等专项行动，针对网络侵权、非法出版、网络传播淫秽物品、发布违法广告等行为进行专项整治，保障网民正当权益不受侵犯，引导、规范网络传播秩序。

例如，2009年初由国务院新闻办、工业和信息化部、公安部、文化部、国家工商行政管理总局、国家广电总局、新闻出版总署7部委联合开展的政治互联网低俗之风专项行动，就是主要针对互联网络中不符合法律法规、有悖于传统文化和社会伦理道德规范的网络低俗内容，在全国展开打击行动。据统计，截至2009年2月28日，被曝光存在大量违反社会公德、损害青少年身心健康、内容低俗的网站有81家；被依法关闭的传播淫秽色情和低俗内容的网站达1250家；还有320余万条网上色情和低俗信息被删除。❶2009年11月16日，全国"扫黄打非"办公室发布《关于严厉打击手机网站制作、传播淫秽色情信息活动的紧急通知》。2009年12月由中央对外宣传办公室、全国"扫

---

❶ 曾静平，谢永江，詹成大. 拒绝负联网：互联网乱象与治理[M]. 西安：陕西师范大学出版社，2012：1.

黄打非"办公室、工业和信息化部、公安部、文化部、国务院国有资产监督管理委员会、国家工商行政管理总局、国家广电总局、新闻出版总署9部委联合,在全国范围内开展了深入整治互联网和手机媒体淫秽色情及低俗信息专项行动。❶

当前,无论是服务于综合性网站还是特色网站,网络编辑都要引领网络文化建设方向,丰富网络文化产品种类,掌握网络传播话语权,通过网络平台传播正能量,以精品力作引导广大网民了解优秀传统文化、先进文化,坚定文化自信,强化对网民的正向引导功能,树立开放、包容的心态,加强国际文化交流,提升网络文化的积极影响力。

值得注意的是,自新冠疫情发生以来,党和国家带领广大人民群众众志成城、同心协力,取得了疫情防控阻击战的阶段性胜利。但是,面对疫情变化的严峻形势,互联网上却出现了谣言、虚假信息、知识错误等不当内容,具体包括:借疫情煽动社会负面情绪,编造虚假不实信息,挑动地域歧视,辱骂一线医务、警务、社区工作人员,违规泄露涉疫情个人信息,以及利用互联网非法进行野生动物交易等方面。上述信息内容误导网民、扰乱社会秩序,造成了一定的负面影响。

中央网信办举报中心高度重视,不仅专门设置了"涉疫情防控有害信息"举报入口,而且第一时间向相关执法部门、各级网信办举报部门、各网站转交举报线索,并对微博、腾讯、网易、快手、UC浏览器等网站的处置情况进行督办,与广大网民一起筑牢网上战"疫"防线。据统计,仅2020年1月全国就受理网络违法和不良信息举报超过1000万件。❷

根据中国扫黄打非网相关统计数据,2020年上半年我国"扫黄打非"部门通过与"净网2020"行动同推进同实施,共查删处置淫秽色情、恐怖暴力、低俗恶俗等不良信息603万余条;查缴非法有害少儿类出版物13.2万余册、盗版中小学教辅49.1万余册;查办网上传播涉未成年人色情信息、制售非法有害少儿出版物等"护苗"类案件70余起。

---

❶ 中华人民共和国国家互联网信息办公室.2009年中国互联网发展大事记[EB/OL].(2014-02-24).http://www.cac.gov.cn/2014-02/24/c_126182794.htm.
❷ "国家网信办举报中心"微信公众号.向涉疫情防控网络有害信息说"不",坚决打赢疫情防控阻击战[EB/OL].(2020-03-03).http://www.cac.gov.cn/2020-03/03/c_1584794075693433.htm.

近年来，在中宣部、国家新闻出版署等部委的引导下，现实主义作品不仅数量在网络文学中的占比逐步增加，而且涌现出大量优秀作品，在广大网民中赢得较高关注度与口碑。部分网站的网络编辑在向用户推荐作品时，往往关注各级相关部门的扶持项目或各级各类获奖作品。例如，红袖添香网站上关于《听说你喜欢我》（曾用名《一个人的一往情深》）的作品简介开篇为：

"本书入选2016中国作家协会重点作品扶持项目；

入选中国作协举办的2016中国网络文学排行榜；

入选2017北京市新闻广电局向读者推荐优秀网络文学作品；

获得北京影视出版创作基金；

影视项目已启动，即将开机。"

再如，《写给鼹鼠先生的情书》这部作品，也曾上榜中国作协举办的"2017中国网络文学"排行榜；入选国家新闻出版署和中国作协联合发布的"2018原创网络文学"优秀作品；在中宣部出版局、中国图书评论学会和中央电视台组织的"2018中国好书"评选中获评年度"中国好书"。

此外，目前不少网络文学网站和平台都很重视对用户的引导与个性化服务，不仅为用户设置了"书架""收藏""主页""账户""书评""资料"等阅读功能及互动功能；还通过网络编辑开展多层次推介，包括各类"排行榜""首页推荐""编辑强推""本周主打""全站最佳""精品专区""VIP专区"等专栏；此外，用户还可通过页面下端的"友情链接"等按钮链接到各热门网络小说在线阅读平台。以排行榜为例，虽然各网站不尽相同，但大多针对用户阅读喜好，依据男女频、时限、作品类型等进行设置。据不完全统计，主要包括以下榜单：畅销榜、人气榜、完本榜、免费榜、荣誉榜、收藏榜、字数榜、点击榜、订阅榜、热评榜、更新榜、推荐（票）榜、礼物榜等。在上述三榜单之下，往往又细分为多个子榜单。

笔者认为，担当建设文化强国的重要使命，网络编辑应适应互联网等新媒体特点，配合国家网络内容建设等工程，坚持以人民为中心，采用多种形式激励网民参与创作，充分发掘中华民族优秀传统文化、革命文化和先进文化内涵，有意识地利用多种形式进行网络舆论引导，弘扬主旋律，传播正能量，全方位优化、创新网络内容及传播渠道，着力提升网络传播效果。

为了构建网络空间命运共同体、推进中华民族的复兴与发展，每位网络编辑都应该深入思考如下时代话题：如何营造健康、理性、绿色的网络环境，构建中华民族共同的精神家园？

概括而言，新时代网络编辑应强化理论学习，提升职业素养，遵守相关法律法规，重视对青少年网民，尤其是未成年网民的保护，将新时代社会发展现实与爱国主义、集体主义、网络安全教育等主题相结合，创新活动形式、载体和内容，提升网络教育效果。

第二节　引导国民阅读新趋向，提升全民阅读水平

在全媒体时代，网络编辑立足于互联网络这一信息内容生产与传播平台，对于广大网民的生活方式、思维方式、价值观念等发挥重要影响。

一、全民阅读活动的起源与发展

全民阅读源自"世界读书日"，也称"世界图书与版权日"或"世界图书日"。1972年，联合国教科文组织号召全世界"走向阅读社会"，要求社会成员人人读书，让读书成为人们日常生活中不可或缺的部分。1995年，在第二十五届全球大会上国际出版商协会提出"世界图书日"的设想，并由西班牙政府将方案提交联合国教科文组织。同年，联合国教科文组织宣布4月23日为"世界读书日"，在全世界推动阅读工程建设。

作为回应，美国不仅陆续提出"美国阅读挑战""卓越阅读方案""阅读高峰会"等计划，而且积极通过《阅读卓越法》、"中小学教育法案"等，逐步建立健全青少年阅读能力培养制度。英国政府也积极倡导国民阅读，除于1998年开始设立"阅读年"，大力支持中小学图书馆建设外，还与民间组织合

作，在全国推广阅读计划，开展多种形式的阅读活动。此外，法国、日本、德国、俄罗斯等国家也纷纷建设全国性阅读机构，开展诸如"读书协会""读书周""图书节""阅读月"等活动。❶

全民阅读日益受到广泛关注，是因为国民的阅读状况不仅影响个人，更重要的是国民阅读率反映并影响着国家的软实力和综合国力。正如柳斌杰所指出的："文明传承和民族兴旺的历史表明，国民阅读力和阅读水平在很大程度上决定一个民族的基本素质、创造能力和发展潜力。"❷

二、我国全民阅读活动的发展历程

1. 全民阅读活动的开启

从 20 世纪 80 年代开始，我国相关政府机构和部门就开始引导国民开展阅读活动。1982 年 5 月，上海市成立了振兴中华读书指导委员会，组织上海市民开展读书活动。1988 年，"中国青少年新世纪读书计划"启动，在共青团主导下以社会化、市场化运作方式为青少年阅读提供服务，培养青少年良好阅读习惯，推动形成学习热潮。

2. 全民阅读活动的发展

1993 年，"全国青少年爱国主义教育读书活动"开启，这一活动由中宣部、教育部、新闻出版总署和全国妇联联合发起，每年举办，吸引数以亿计的青少年参加，影响巨大而深远。从 1996 年起，南京市每年都在"世界读书日"举办"读书节"系列活动，惠及南京普通市民、中小学生及外来务工人员。1997 年 1 月，由中宣部、文化部、国家教委（教育部）、国家科委（科技部）、广播影视部（广电总局）、新闻出版总署、全国总工会、共青团中央和全国妇联 9 个部委共同发布《关于在全国组织实施"知识工程"的通知》，提出实施"倡导全民读书，建设阅读社会"的"知识工程"。1999 年 9 月，中国青少年新

---

❶ 中国出版科学研究所全民阅读蓝皮书课题组.推动全民阅读，建设书香中国：2009 年中国全民阅读活动报告 [M]// 郝振省，陈威.中国阅读：全民阅读蓝皮书（第一卷）.北京：中国书籍出版社，2009.
❷ 柳斌杰.中国阅读：全民阅读蓝皮书（第一卷）"序"[M]// 郝振省，陈威.中国阅读：全民阅读蓝皮书（第一卷）.北京：中国书籍出版社，2009.

世纪读书网（cnread.net）开通，逐渐发展为中国最大的文化教育类网站之一，为青少年提供网上导读、学习、交流、购书等信息服务。同年，中国出版科学研究所开始组织实施全国国民阅读调查项目。

3. 全民阅读活动的深化

进入 21 世纪后，全国各地形式多样的全民阅读活动如雨后春笋般纷纷开展。2000 年 5 月，中华青少年新世纪读书俱乐部成立。2000 年 11 月，深圳市委市政府创立深圳读书月，定于每年 11 月举办，宗旨为营造书香社会、实现市民文化权利，建设品牌活动成效显著，成为继上海之后举办读书活动的又一标杆城市。2000 年 12 月，全国知识工程领导小组将每年的 12 月定为"全民阅读月"。2001 年 9 月，上海在读书节上推出评选"上海市民最喜欢的 20 本书"活动，激发市民参与读书活动的积极性与主动性。

自 2003 年起，中国国家图书馆学会负责承办每年的"全民阅读月"活动。也是从这一年开始，时任全国政协常委的著名教育家朱永新连年提案呼吁建立"国家阅读节"。2004 年 4 月 23 日，"倡导全民阅读，共建书香中国"大型群众性公益活动成功举办。这一活动由全国知识工程领导小组、文化部主办，中国图书馆学会和国家图书馆承办，在国内首次大规模宣传"世界读书日"，并使其成为标志性的阅读推广活动之一。

2005 年、2006 年，全国各地开展的读书节活动较为集中，且有一定代表性，可谓异彩纷呈，引人注目。2005 年 2 月，北京读者协会成立，不仅开设了"北京读者网"，成立了"青少年读者俱乐部"，而且从这一年开始，每年组织开展"北京青年学习节"。2005 年 7 月，首届兰州读书节成功举办。2005 年 9 月底到 10 月下旬，首届东莞读书节以"营造书香东莞、建设文化新城"为主题，采用展览、论坛、讲座、知识竞赛等多种形式，并举办"我喜爱的书房"设计大赛、"学习之家"评选、外来员工"读书学习、争做新东莞人"演讲比赛等活动。2005 年 10 月，浙江省文化厅主办、浙江图书馆承办的首届"浙江省未成年人读书节"以"我读书，我快乐，我智慧"为主题，全省 83 个公共图书馆同步举办了开幕式及 300 余场读书活动。2006 年 9 月 28 日至 10 月 28 日，福州市首届读书节以"享受阅读快乐，传播书香文化"为主题，呼应"有福之城，书香满城"的读书月总主题；同期举办的首届苏州读书节则围绕"阅读，让苏州更美丽"主题开展了系列活动。2006年10月，首届河南青少年读书节成功举办，推出好书推介、爱心书递、书香人生、书海畅游、经典回响、读书成才等活动。2006年11月，四川省举办首届农民读书节，以"培养有文化、懂技术、会经营的新型农民"为主题，全省21个市州共同开展"千场讲座进农家"活动。

2006年4月世界图书日前夕，中宣部、中央文明办、新闻出版总署、文化部、国家广电总局、教育部、解放军总政宣传部、共青团中央、全国总工会、全国妇联等部门共同倡导开展"爱读书、读好书"全民阅读活动。活动涉及全国各地各部门，参与面广、影响大。除全国各大图书馆、书店、书城的相关活动外，相关媒体还开展了"我最喜爱的一本书"征文活动。2006年4月23日，中国图书馆学会科普与阅读指导委员会成立，并召开第一届委员会成立大会。中国图书馆学会科普与阅读指导委员会下设6个专门委员会，包括专家委员会、阅读文化研究委员会、推荐书目委员会、家庭藏书读书委员会、图书馆与社会阅读委员会、媒体与社会阅读委员会。

2007年3月15日，新闻出版总署、中央文明办、国家发展和改革委员会、农业部等部委正式印发《农家书屋工程实施意见》，依据《国家"十一五"时期文化发展规划纲要》总体部署，开始在全国范围内实施农家书屋工程，切实解决广大农民"买书难、借书难、看书难"问题。2007年3月23日，北京首都图书馆举行"共同架起儿童与社会的桥梁——纪念国际儿童图书节四十周年暨中国儿童阅读日系列活动"启动仪式，国际儿童读物联盟中国分会会长、中国儿童读物促进会主席海飞宣布，将每年的4月2日设立为"中国儿童阅读日"。2007年4月23日，中宣部、中央文明办、新闻出版总署、中华全国总工会等17部委联合倡议开展"同享知识，共建和谐"为主题的全民阅读活动。同月，重庆市举办第十七届全国书市，首次将其改名为全国图书交易博览会，通过"进农村、进社区、进学校、进企业、进军营、进机关"的"六进"活动，着力打造"书香重庆"。2007年10月，重庆市委、市政府正式批准将每年8月设立为重庆读书月，以"倡导全民阅读，共建书香重庆"为主题。

三、全民阅读成为一项国家发展战略

2008年，新闻出版总署专门设立全民阅读活动组织协调办公室，并将"全民阅读工程"列为"五大工程"之一。2009年3—4月，中国图书馆学会发布的《关于开展2009年全民阅读活动的通知》、全国知识工程领导小组办公室发布的《关于在全国开展全国少年儿童阅读年活动的通知》和中宣部，新闻出版总署联合印发的《关于进一步推动全民阅读活动的通知》，都将"全国少年儿童阅读年"纳入活动计划。2009年10月《中国阅读：全民阅读蓝皮书（第一卷）》出版。

2011年，全民阅读工程列入《新闻出版业"十二五"时期发展规划》，同时成为新闻出版总署的重点工程。在《中共中央关于深化文化体制改革、推动社会主义文化大发展大繁荣若干重大问题的决定》中，明确提出要深入开展全民阅读活动。2012年党的十八大报告提出，要扎实推进社会主义文化强国建设，开展全民阅读活动。2013年3月，我国正式启动全民阅读立法工作，列入国务院法制办立法规划项目。在2014年3月召开的第十二届全国人民代表大会第二次会议上，国务院总理李克强代表国务院向大会做政府工作报告。政府工作报告中明确提出"倡导全民阅读"，这是全民阅读首次写入政府工作报告。

在2014年和2015年，《江苏省人民代表大会常务委员会关于促进全民阅读的决定》《湖北省全民阅读促进办法》《辽宁省人民代表大会常务委员会关于促进全民阅读的决定》《深圳经济特区全民阅读促进条例》相继出台，为各地深入推进全民阅读工作提供了保障。这些决定、办法和条例，与2015年公开征求意见的《中华人民共和国公共文化服务保障法（草案稿）》《中华人民共和国公共图书馆法（征求意见稿）》《关于加快构建现代公共文化服务体系的意见》《关于加强新时期中小学图书馆建设与应用工作的意见》等一起，为国家全民阅读立法工作奠定基础。

2016年，全民阅读工作被纳入《中华人民共和国国民经济和社会发展第十三个五年规划纲要》，成为一大"文化重大工程"。同年2月，《全民阅读促进条例（征求意见稿）》正式发布。这一年，全国政协委员聂震宁第十次提案呼吁建立"全民阅读日"。2017年3月31日，国务院法制办公室发布《关于〈全民阅读促进条例（征求意见稿）〉公开征求意见的通知》，向社会公开征求意见。2017年4月，经民政部、文化部等相关主管主办单位报备批复，4月18日长安街读书会和中国社会经济文化交流协会在京共同组建"全民阅读促进委员会"。2017年6月，国务院法制办审议并原则通过了《全民阅读促进条例（草案）》，自2017年6月起实施。

作为党和国家实施的重大发展战略，我国全民阅读活动主要由政府主导、社会参与、全民行动，并通过立法工作提供保障。2016年国家新闻出版广电总局根据国务院立法工作计划，起草了《全民阅读促进条例（征求意见稿）》。经向社会公开征求意见，2017年6月国务院法制办审议并原则通过了《全民阅读促进条例（草案）》，自2017年6月起实施。《全民阅读促进条例（草案）》公布与实施，标志着我国全民阅读活动正式上升为国家发展战略。❶

《全民阅读促进条例（草案）》共6章37条，旨在为促进全民阅读，保障公民的基本阅读权利，提高公民的思想道德素质和科学文化素质，培育和践行社会主义核心价值观，传承中华优秀传统文化，推动社会文明程度显著提高。《全民阅读促进条例（草案）》突出强调了在全民阅读促进工作中要发挥政府主导作用、鼓励社会参与，明确规定：国家促进全民阅读，应当遵循公益性、基本性、均等性、便利性的原则，培养公民阅读习惯，提高公民阅读能力，提升公民阅读质量，传播有益于公民全面发展和社会文明进步的科学文化知识。国家建立全国全民阅读工作协调机制，由国务院新闻出版广电行政部门负责全国的全民阅读工作，制定全民阅读规划及实施方案。❷

总体而言，全民阅读活动经过十余年的发展，已经在全国各地蓬勃开展，各类全民阅读活动不仅形式多样、内容充实，而且手段日益丰富，效果日趋凸显，全民阅读活动通过进农村、进社区、进家庭、进学校、进机关、进企业、进军营等方式真正深入基层、深入群众，初步形成全社会"爱读书、读好书、善读书"的良好氛围，全民阅读理念已深入人心。在全国各地，图书馆、书

---

❶ 宣讲家独家案例.[案例]立法推动全民阅读值得期待[EB/OL].（2013-08-31）. http://www.71.cn/2013/0831/730.
❷ 国务院法制办务会议审议通过《全民阅读促进条例（草案）》[EB/OL].（2017-06-02）. http://www.nrta.gov.cn/art/2017/6/2/art_114_33919.html.

店、阅览室等相关基础设施建设及服务能力提升明显，涌现出数量庞大的各级各类阅读推广机构，阅读推广队伍日益壮大，全民阅读法制化建设也取得积极进展。

四、网络文化传播拓展全民阅读成效

截至目前，全国三十余个省（自治区、直辖市）成立了全民阅读组织领导机构，统筹规划全民阅读活动的资源配置，建成大批公共图书馆、阅览室、书店等全民阅读基础设施，提升全民阅读公共服务能力，有效开展形式多样的全民阅读活动，丰富活动内容，培育相关人才队伍，建立健全包括青少年群体、市民群体、农民（工）群体、老年人群体、贫困人口群体等多层次、立体化的全民阅读机制，形成"书香"系列及"农家书屋""数字图书馆""公共阅览室"等品牌活动及推广工程。

以"书香中国"系列活动为例，近年来在全国各地形成的书香品牌活动蔚为大观，基本覆盖了所有省（自治区、直辖市），80%以上的县（区）都有品牌活动。诸如"书香中国·北京阅读季""书香江苏""书香荆楚·文化湖北""书香中国·上海周""书香岭南""书香湖南""书香八闽""书香辽宁""书香龙江""海南书香节""书香八桂""书香燕赵""书香赣鄱""三秦书月""书香安徽阅读季""书香天府""书香齐鲁""书香陇原""书香天津""书香天山""书香宁夏""书香青海"等活动引发广泛关注。

据不完全统计，全国约有400多个城市开展了丰富多彩、形式多样的全民阅读活动，各种读书活动项目有数千个，每年吸引数以亿计的读者参与。全民阅读优秀作品推荐工作机制逐步完善，"中国好书""向全国青少年推荐百种优秀出版物""优秀老年人出版物""大众喜爱的50种图书""优秀民族图书""中华优秀传统文化普及图书""优秀少儿报刊""精品文学期刊""优秀网络文学原创作品"等推荐活动成效显著。

在全国各地，不少地方政府都将全民阅读活动作为城市文化名片来打造。其中深圳市无疑是开展全民阅读活动的示范性城市。2018年10月，根据中国社会科学院与联合国人居署联合发布的《全球城市竞争力报告（2018—

2019）-（全球产业链：塑造群网化城市星球）》显示：全球城市竞争力前十强为：纽约、洛杉矶、新加坡、伦敦、深圳、圣何塞、慕尼黑、旧金山、东京和休斯敦。在前十强中，深圳居于第五位。2019年4月，中国新闻出版研究院首次发布全国阅读指数排行榜，在城市阅读指数、个人阅读指数和公共阅读服务指数三个榜单中，深圳都排名第一。

深圳市早在2003年就提出"文化立市"战略，2016年正式施行《深圳经济特区全民阅读促进条例》，"读书月"创办至今已接近20年。在公共服务设施建设方面，深圳市最早实现中国"每1.5万人拥有一个社区图书馆"的目标，每十万人拥有7.2个图书馆。这一比例在国际城市中遥遥领先：伦敦每十万人平均拥有4.7个公共图书馆，东京每10万人平均拥有2.5个图书馆。深圳市拥有150多个民间阅读组织，公益阅读推广人近1300名。深圳市的全民阅读活动成效显著：居民人均年阅读纸质书7.23本、电子书11.21本；居民日均阅读时长64.56分钟；98%的居民认为阅读比较重要和非常重要。❶

依据亚马逊中国2019年5月发布的"亚马逊中国2019全民阅读报告"❷，由亚马逊中国和新华网联合发起的"2019全民阅读大调查"共收到近1.4万份有效问卷。相关统计数据显示：接近50%的受访者2019年阅读总量超过10本；以深度阅读为主的受访者占比达到38%；21%的受访者认为读书已经成为他们日常生活的重要组成部分；69%的受访者表示将读书列入了2019年非常重要的年度计划；23%的受访者表示过去一年主要阅读电子书；71%的受访者表示在开始阅读电子书后其阅读总量有所增加。可见，以电子书为代表的数字阅读对全民阅读具有重要影响。

2019年4月，第十六次全国国民阅读调查结果显示：2018年，我国成年人人均纸质图书阅读量为4.67本，成年人人均电子书阅读量为3.32本；未成年人的人均图书阅读量为8.91本。与2017年相比，2018年我国0～17周岁未成年人图书阅读率为80.4%，下降了4.4%。具体而言，未成年人的阅读率变化情况比较复杂：0～8周岁儿童图书阅读率为68.0%，比2017年下降

---

❶ 王京生. 全民阅读的深圳样本 [EB/OL]. （2019-04-24）. http://epaper.gmw.cn/gmrb/html/2019-04/24/nw.D110000gmrb_20190424_3-16.htm.

❷ 路艳霞. 亚马逊中国发布2019全民阅读报告 [EB/OL]. （2019-05-05）. http://bjrb.bjd.com.cn/html/2019-05/05/content_11881715.htm.

了 7.8%；9～13 周岁少年儿童图书阅读率为 96.3%，比 2017 年提高了 3.1%；14～17 周岁青少年图书阅读率为 86.4%，低于 2017 年的 90.4%。

按照国民阅读率调查课题组负责人徐升国的观点，我国 2018 年未成年人图书阅读率下降，很大程度上是受到了数字阅读的影响。近年来手机阅读、平板电脑阅读等数字化阅读方式的普及，一定程度上导致了纸质图书阅读率的下降。根据国民阅读调查发现，未成年人的数字化阅读趋势明显。

值得注意的是，中国新闻出版研究院与儿童数字内容平台 KaDa 故事 2019 年 5 月联合发布的《2018 年中国儿童数字阅读报告》显示：2018 年中国儿童人均电子书阅读量已达 40 本，数字阅读潜在用户规模达 2.5 亿，潜在市场规模达 5000 亿元。而依据全球最大童书出版社 Scholastic 调研公布的数据，美国儿童人均电子书的年阅读量为 23 本。❶《2018 中国儿童数字阅读报告》的相关分析是基于 KaDa 故事自 2015 年 10 月上线后至 2019 年 4 月，三年半的时间共 2000 万用户产生的 50 亿条数字阅读数据，包括市场分析、用户分析和内容分析。从中国儿童数字阅读的用户年龄分布来看，0～3 周岁儿童占比为 24%，4～6 周岁儿童占比为 44%，7～9 周岁儿童占比为 32%，数字化阅读方式对未成年人的影响呈现出明显的低龄化趋势。从中国儿童数字阅读的用户地域分布来看，一、二线城市读者仍为主力，但三、四线城市读者持续快速增加，杭州、深圳、温州、长沙的综合儿童数字阅读渗透率占据全国排名前四位。❷

从阅读率来看，2019 年我国成年人数字化阅读方式的接触率为 79.3%，比 2018 年的 76.2% 上升了 3.1%，增长率与上一年度基本持平，网络在线阅读接触率、手机阅读接触率、电子阅读器阅读接触率、Pad（平板电脑）阅读接触率均有所上升；综合阅读率（包括书报刊和数字出版物在内的各种媒介）为 81.1%，较 2018 年的 80.8% 上升了 0.3%，比 2018 年度 0.5% 的增长率略低。

就书报刊而言，2019 年和 2018 年的图书阅读率分别为 59.3 和 59.0%；报纸阅读率分别为 27.6% 和 35.1%；期刊阅读率分别为 19.3% 和 23.4%。可见，

---

❶ 路艳霞 .2018 年中国儿童人均电子书阅读量达 40 本 [N]. 北京日报，2019-05-10.
❷ 尹琨 .《2018 年儿童数字阅读报告》发布 [EB/OL].（2019-05-15）. http://www.nationalreading.gov.cn/ReadBook/contents/6271/399217.shtml.

两年间除了图书阅读率略有提升之外，报纸和期刊的阅读率都有较大降幅，纸质出版物的阅读率不容乐观，而数字化阅读在一定程度上提升了综合阅读率。其中，我国成年人每天接触最多的媒介为手机和互联网。2019年，我国成年人除了接触平板电脑时长减少外，人均每天手机接触时长为100.41分钟，比2018年的84.87分钟增加了15.54分钟；人均每天互联网接触时长为66.05分钟，比2018年的65.12分钟增加了0.93分钟；人均每天电子阅读器阅读时长为10.70分钟，与2018年的10.70分钟持平。

此外，2019年和2018年我国均有近三成的人有听书习惯，其中2019年成年人的听书率为30.3%，较2018年的26.0%提高了4.3个百分点；0~17周岁未成年人的听书率为34.7%，较2018年的26.2%提高了8.5个百分点。听书已成为数字化阅读新的增长点，移动有声App平台已经成为听书的主流选择。

依据《第十七次全国国民阅读调查报告》调查结果，2019年和2018年的全国阅读指数分别为70.22%和68.67%；个人阅读指数分别为73.04%和71.67%；公共阅读服务指数分别为67.61%和65.91%。❶可见，全民阅读指数、个人阅读指数和公共阅读服务指数均略有提高。与此同时，2019年我国有78%的成年人认为自己的阅读数量一般、很少或比较少，认为有关部门应当举办读书活动或读书节的成年人占比为68.2%（2018年为67.3%）。❷

依据2020年6月20日北京师范大学新闻传播学院喻国明学术工作室发布的《新青年新消费观察研究报告》，新青年在线阅读消费还有较大增长空间：

综上所述，未来网络编辑应积极发挥网络信息、知识生产与传播的主体责任，依托国家及地方相关部门的扶持政策，进一步发挥在全民阅读工作体制机制中的作用，利用多样化的传播内形式及优质内容，保障广大网民，尤其是青少年网民、老年网民等群体的阅读需求及权益，切实推进全民数字化阅读水平，构建中国特色社会主义网络文化体系。

---

❶ 第十七次全国国民阅读调查成果发布[EB/OL].（2020-04-20）. http://www.nationalreading.gov.cn/ReadBook/contents/6271/414891.shtml.

❷ 孙山. 第十七次全国国民阅读调查显示：2019年我国成年国民人均每天读纸质书不到20分钟[EB/OL].（2020-04-22）. https://baijiahao.baidu.com/s?id=1664674143082487886&wfr=spider&for=pc.

第三节　借助数字化智能新技术，提升网络内容传播效果

网络编辑作为一种新兴的社会职业，需要掌握多样化的技能。除了传统编辑应当具有的基本能力与素养之外，许多工作都需要网络编辑在后台直接进行文字编辑、图片添加和音频、视频添加，以保证为用户提供图文并茂、丰富多彩的网络出版物，还有些时候需要根据实际情况进行内容调用、修改与完善。

区别于传统媒体，互联网络信息内容传播最吸引网民的是不仅能够方便、迅捷地获知海量信息，而且参与交流的互动性日益强化。伴随着人工智能、大数据、云计算等科技发展，网络出版机构可以针对网络舆论热点进行内容动态调整，甚至可以制造热点，实现对受众群体的定制生产与分众传播。

一、满足用户多层次需求，强化时效性与获得感

网络传播借助于创新科技发展，已经可以在信息内容生产阶段为用户提供精准的定制化服务。网络内容提供商依托大数据、云计算、人工智能等技术手段，"根据受众的群体特征甚至是个人的阅读偏好，匹配不同的语言风格"[1]"自动按照给定的规则填充公式化的表达"[2]。可见，新形势下网络编辑的职能有了更多、更大拓展，其针对网民的精准化定位与个性化服务无疑是未来的发展趋势。

当前，我国腾讯 dreamwriter、今日头条的张小明等都已经能够实现自动化写作。截至目前，不仅以前令传统媒体记者颇感困难的战地、突发事件报道可以借助机器写作解决，而且小冰等人工智能还创作、出版了诗集等作品。此外，在今日头条、一点资讯等带领下，众多网络资讯平台针对用户的个性化信息推荐发布等相关探索取得重大进展。网络出版机构通过计算机算法对受众进

---

[1] 汪萱.人工智能时代传媒业的"人工"与"智能"[J].传媒，2019（4）.
[2] 仇筠茜，陈昌凤.黑箱：人工智能技术与新闻生产格局嬗变[J].新闻界，2018（1）.

行画像，能够深入把握受众的认知偏好，并进行精准内容推送。以网络文学阅读为例，各大文学网站通过多重分类、栏目设置、榜单发布、精品推介、用户打赏（送礼物）等方式吸引用户参与阅读、评价及互动。我国网络文学不仅在国内拥有数亿用户，而且在文化输出方面表现不俗。

全媒体时代，网络文化产品的品牌竞争力与其时效性、互动性密切相关。互联网信息技术对人们的影响无时不在、无处不在，以至于部分网民主要生活在网络虚拟空间而非现实世界。如果网络编辑还延续简单化的工作流程与方式，在内容策划、生产方面不进行有意识创新，忽视网络内容传播的时效性、复合性、互动性等特征，势必被网民抛弃。网络编辑要注意在及时高效传播信息、知识内容的同时，为用户提供政策、法律、教育、医疗咨询与休闲、娱乐等服务。

以网络文学为例，截至 2020 年 12 月，我国网络文学用户达 4.6 亿，其中手机网络文学用户达 4.59 亿，在网民总体数量和手机网民总体数量中均占比 46.5%。❶

目前，网络文学已经成为网络文化传播的重要载体与形态之一。据不完全统计，目前我国以文学命名的综合性文学网站数量超过 300 家。按照 CN10/CNPP 数据研究、十大品牌网（www.cnpp.cn）联合推出的 2021 十大网络文学品牌排行榜，起点中文网、创世中文网、纵横中文网、云起书院、潇湘书院、晋江文学城、17K 小说网、小说阅读网、红袖添香、起点女生网等网站入选。❷

网络文学的诸多网站都很重视通过不断完善频道类别、首页推荐、排行榜、阅读功能等设置，引导用户阅读，提升用户体验。由于相关网站和平台积极探索灵活采用 VIP 付费阅读、付费道具、礼物、打赏等方式，网民的付费意愿有了较大提升。例如，阅文集团单用户月均付费 2019 年上半年为 22.5 元，2020 年上半年则提升为 34.1 元，同比增长幅度超过 50%，大大推动了在线业务发展。在其旗下的红袖添香网站上，不仅设置有包括热销榜、红袖风云榜、阅文风云榜、新书榜、周推荐榜、完本榜、更新榜、礼物榜、点击榜、收藏

---

❶ 中国互联网络信息中心（CNNIC）. 第 47 次中国互联网络发展状况统计报告 [EB/OL]. (2021-02-03). http://www.cac.gov.cn/2021-02/03/c_1613923423079314.htm.

❷ MAIGOO 编辑. 品牌榜：2020—2021 网络文学/小说网站十大品牌排行榜投票结果公布 [EB/OL]. (2021-05-17). https://www.maigoo.com/news/482163.html.

榜、签约作者新书榜、公众作品人气榜等共12个榜单，而且开设"作家专区"，通过"智能课堂""推荐文章""推荐专栏""作家资讯""金牌编辑团队""作家福利体系""下载作家助手""微信公众号"和"更新说明"等对作者及其创作进行全方位培养、服务。此外，网站还聚焦社会热点和读者需求，开展了诸如"同舟共济，战'疫'有我"主题征文大赛、华语言情征文大赛等活动，并通过"迷妹周榜""迷妹总榜"和"作品讨论区"等激励用户参与互动，采取投推荐票、月票和刷礼物等方式支持喜欢的作品，有意识地引导创作方向。

二、以人民为中心，推进网络媒体与传统媒体融合发展

目前，我国的机器学习等人工智能研究逐渐深入，已经能够通过自主学习、自主分析、自主研判数据信息等技术对网络内容传播进行有效风险防控，帮助网络出版机构增强洞察、回应网络舆论热点能力，及时进行效果评估与内容调适，提升定制化生产、分众化传播水平。在传统媒体与新兴媒体加快融合发展的背景下，网络编辑落实以人民为中心的服务理念，就要坚持社会主义文化发展方向，自觉加强爱国精神、社会主义核心价值观和党性教育，提升人机协同能力，促进主流意识形态在网络上的传播。

近年来，我国党和政府借助数字化资源和网络化传播手段，持续整合社会治理、民生保障、公共服务、城市建设等各类资源，系统打造信息发布、知识普及、文化传播等平台，为公众提供公共文化资源及网络服务，有效推进网络文化惠民工程。广大网民通过各种终端，可以及时了解国际国内社会发展信息，享受文学艺术、在线教育、休闲娱乐、医疗卫生等多元服务，还可以参与形式多样的线上与线下互动活动。

2020年突遇新冠疫情，各大网络平台通过线上与线下相结合的方式，充分发挥信息搜集、舆论引导、学习教育、健康医疗、智慧社区等各项功能，帮助数以亿计的网民及时获取公共资讯和文化数字资源，积极保障国计民生，维护社会稳定。以宣传党和国家关于新冠疫情防控要求为例，不仅人民网、新华网等主流媒体第一时间发布权威信息，而且各大网络平台综合运用文字、图片、音频、视频等方式，迅捷、全面、周到地为网民提供信息、知识服务。

正是在诸多主流网络平台的引领下，网络编辑们直面抗击疫情的国际国内复杂形势，针对广大网民的焦虑、恐惧心理，积极宣传党和国家的抗疫政策与举措，及时普及科学防护知识，生动塑造防疫抗疫一线的英雄人物群像，坚定人民群众战胜疫情的信心与决心，引导社会舆论，壮大网上正能量，主动掌握疫情暴发之初的网络话语权，有效影响国际舆论。2020年2月26日，人民网发表一篇文章，肯定"网络空间：激浊扬清，发布权威信息，壮大正能量""在互联网时代，防止谣言的产生和扩散，就要善于传递权威信息，营造风清气正的网络空间"。❶

三、突出时代主题，引导网民关注中华民族复兴进程

随着互联网络的迅猛发展，我国网民数量持续增长，网络文化的影响力也日益增强。在这种情况下，各种网络媒介都在我国社会主义文化建设中发挥重要作用，网络编辑开展网络文化传播工作应根植于社会现实，将网络真正建成网民参与网络文化建设及综合治理的平台。通过建立健全网络内容评价及监管制度，我国互联网监管部门正在逐步完善全方位、多层面运作体制机制，有意识地引领互联网企业通过多种形式反映国家建设成就，宣传社会主义核心价值观，发挥信息、知识、思想、科学、文化对网民的积极影响。在抓好网络平台内容建设的同时，网站和网络编辑也应及时反映人们的生产、生活面貌，尤其是要想民众之所想、急民众之所急，关注当前政治、经济、文化等各领域的发展变化，聚焦党建、扶贫、医疗等重点工作，提高网民的参与意识与议政能力，落实网络文化建设的惠民举措。

网络编辑是网络文化建设的生力军，在网络出版物生产、传播中处于关键地位。随着互联网和信息技术的发展，特别是移动互联网的兴盛，网络编辑与受众的互动已经成为其工作内容的重要组成部分，大量网民参与网络内容生产与传播的程度日益加强，并直接影响传播效果。网络编辑要积极策划反映新时代、新气象、典型人物、热点问题的精品、系列选题，利用多媒体数字化技

---

❶ 杨云成.多场域做好疫情防控期间舆论引导和宣传教育工作[EB/OL].（2020-02-26）. https://baijiahao.baidu.com/s?id=1659556164040527142&wfr=spider&for=pc.

术提升内容编辑及呈现效果，以图文声像并茂的方式推进跨媒体复合型出版，满足网民的需求，充分发挥网络文化的导向作用。❶ 如果网络编辑能立足于网络平台的传播优势，拓展内容生产主体、呈现方式、传播渠道，网络文化就能更好地传播社会正能量，发挥对网民世界观、人生观、价值观、审美观等的积极影响。

例如，17k 小说网编辑团队推进相关短视频业务，并不断完善作者服务，主要包括：成为作者、新的福利、作者之家、作者常见问题和新人作者引导等。在 2020 年网文大学重启青训学院之际，17K 小说网不仅提供"实践基地"，声明"青训学院毕业学员的新书作品，均可申请内部签约通道"；还冠名赞助网文大学"17 写梦"奖学金，设置"毕业奖学金"与"年度奖学金"，与网文大学合作解决新人作家入门、签约、上架等问题，帮助新人作家成就写作梦想。针对新冠疫情，17K 小说网又联合众大神作者推出"抵抗疫情，我们 17 行动！作家爆更一亿字，畅销小说免费读"活动。

四、强化网络传播内容把关，筑牢安全防护屏障

目前，随着网络信息技术的融合发展，网络编辑在保护网络文化生态安全、推进公共文化服务能力等方面的作用日益凸显。身处全媒体时代，网络编辑不仅要应对全球化、国际化、代际化，还要自觉保障国家文化安全、提升国家文化软实力，传播中国特色社会主义文化，构建中华民族精神家园，滋养民族精神。

近年来，利用大数据、云计算、物联网等前沿技术，我国政府与社会组织、互联网企业等多重主体共同协作推进互联网络安全分级管理，并强化网络安全知识技能普及与宣传。适应上述互联网信息安全体系的建设举措，网络编辑的网络安全意识和防护能力也应有所提升。为了更好应对网络有害信息散播，网络编辑编辑应及时关注网络文化安全领域的核心技术创新，综合利用国家和相关管理部门已经建成的网络文化安全技术保障及防护体系，强化防控、识别、过滤能力，提升应对突发事件的防范能力。

---

❶ 朱进."互联网 +"形势下网络编辑能力的提升 [J]. 记者摇篮，2020（3）：52-53.

例如，在2020年年初新冠疫情突然暴发后，部分网站抓住公众迫切需要获取关于新型冠状病毒防护知识的心理，发布大量不实信息，声称喝酒、抽烟、熏醋、嚼大蒜等方式可以预防新冠肺炎。2020年1月31日晚，由于得到权威媒体转发，网络上流传的双黄连口服液有抑制新冠病毒功效等信息迅速登上微博热搜，阅读量短时间内就超过16亿次，并引发抢购风潮。面对此类传言，网络编辑应当强化把关意识，借助于权威机构和专家及时发布真实信息，填补信息真空，缓解公众的焦虑情绪。

随着5G时代的来临，网络信息内容传播速度进一步加快，网民在海量信息中选择、判断真实信息的难度随之增大。网络编辑肩负着网络文化传播把关人的职责，应对"网络水军"与流量造假保持警惕，力求及时发现并阻止虚假信息、错误信息、不良信息的传播，摒除或尽量降低其对网民思想认识、价值观念及身心健康的消极影响。

2019年12月发布的《网络信息内容生态治理规定》中明确规定："网络信息内容生态治理，是指政府、企业、社会、网民等主体，以培育和践行社会主义核心价值观为根本，以网络信息内容为主要治理对象，以建立健全网络综合治理体系、营造清朗的网络空间、建造良好的网络生态为目标，开展的弘扬正能量、处置违法和不良信息等相关活动。"这一规定和2020年6月1日起正式实施的《网络安全审查办法》，为网络编辑进一步划定了从业"红线"与"底线"。网络编辑在网络信息内容生产传播与服务中，应紧紧围绕国家网络空间和文化建设的总体要求，明确哪些方面是应该鼓励、倡导的，哪些方面又是应当警惕、禁止的，加强网络综合治理体系建设，贯彻"坚持防范网络安全风险与促进先进技术应用相结合、过程公正透明与知识产权保护相结合、事前审查与持续监管相结合、企业承诺与社会监督相结合，从产品和服务安全性、可能带来的国家安全风险等方面进行审查"❶。

为了避免网络谣言、虚假信息的影响，网络内容服务平台及其网络编辑还应提升职业敏感度与能力素养，警惕网络黑灰产业链，切实落实《中华人民共和国网络安全法》《中华人民共和国电子商务法》《网络信息内容生态治理规

---

❶ 中华人民共和国国家互联网信息办公室.网络安全审查办法[EB/OL].（2020-04-27）. http://www.cac.gov.cn/2020-04/27/c_1589535450769077.htm.

定》《互联网跟帖评论服务管理规定》《互联网论坛社区服务管理规定》等法律法规，净化互联网生态。与此同时，还要强化互联网科技应用与作者培养，从根本上加强策划、创新信息知识内容生产能力，为广大网民提供更多的优质内容，维护网络经济和社会正常秩序。

第四节 丰富表现形式，传承民族文化

网络编辑的工作比较复杂，不仅要熟悉先进的信息技术、面对各式各样的内容与知识，而且要确立"互联网+"思维，及时更新自身的知识体系。为了更好落实网络强国、文化强国战略，网络编辑要自觉传承、建设中华民族优秀文化，强化与作者、受众的互动交流，为网络传播提供可持续发展动因。

一、围绕民族文化传承，落实正确文化导向

2017年1月，中共中央办公厅、国务院办公厅印发《关于实施中华优秀传统文化传承发展工程的意见》，强调"文化是民族的血脉，是人民的精神家园""在5000多年文明发展中孕育的中华优秀传统文化，积淀着中华民族最深沉的精神追求，代表着中华民族独特的精神标示，是中华民族生生不息、发展壮大的丰厚滋养，是中国特色社会主义植根的文化沃土，是当代中国发展的突出优势，对延续和发展中华文明、促进人类文明进步，发挥着重要作用"[1]。

随着世界多极化趋势，各种思想文化在互联网上的交流、交融与交锋也日益频繁。在这种形势下，网络编辑通过多种形式发掘、传播中华优秀传统文化，不断拓展中华优秀传统文化的时代内涵和网民喜闻乐见的现代表达形式，不仅有利于激发中华优秀传统文化的生机与活力，更有利于传承中华民族的思想理念、价值标准和审美风范，提升广大网民的传统文化素养，增强文化自觉

---

[1] 新华社.中共中央办公厅、国务院办公厅印发《关于实施中华优秀传统文化传承发展工程的意见》[EB/OL].（2017-01-25）. http://wenming.cn/specials/whcc/ccfz/yw/201702/t20170224_4078001.shtml.

与文化自信。

以网络文学为例,为了贯彻习近平总书记在文艺工作座谈会上的重要讲话精神和《中共中央关于繁荣发展社会主义文艺的意见》,加快落实《关于推动网络文学健康发展的指导意见》,国家新闻出版广电总局在 2015 年 10 月下发了《关于开展 2015 年优秀网络文学原创作品推介活动的通知》。自此开始在全国开展年度优秀网络文学原创作品推介活动,影响日益扩大。这一推介活动通过获推优秀作品的示范引领作用,着力引导网络文学企业和网络编辑重视原创网络文学作者与作品培育,提升网络文学创作的整体思想性与艺术水平。以《琅琊榜》《芈月传》《将夜》《紫阳》《知否知否应是绿肥红瘦》《斗破苍穹》等为代表的部分优秀原创网络文学作品的生产与传播,扎根于中华优秀传统文化土壤,融中华文化精髓于精彩的故事情节与人物群像之中,体现出鲜明的民族文化立场、价值观念与审美风范。❶

2019 年 2 月 25 日,国家新闻出版署和中国作家协会在京联合发布"2018 年优秀网络文学原创作品"推介名单。据评委会主任、中国作协网络文学委员会主任陈崎嵘介绍,此次推介活动处于改革开放 40 周年和中华人民共和国成立 70 周年的重要时间节点,具备特有的宏大背景。申报作品不仅数量众多,而且涌现出一大批反映社区管理、精准脱贫、物流行业、志愿支教、民间乐手等生活领域的现实题材作品,具有鲜明的时代特色和民族烙印。评委会秉持"国家规格、政府标尺、大众审美、网络特质"的原则,坚持好中选优,最终确定包括《网络英雄传Ⅱ:引力场》《挚野》《零点》《白纸阳光》《运河码头》等 24 部作品入选。此次推介活动反映出网络文学发展的新趋势与新动向,即网络文学"趋主流化"现象与现实题材创作的"整体性崛起",引发社会广泛关注。❷

近年来,部分网络文学网站开展了丰富多彩的主题征文、竞赛等活动,通过活动,不仅着重引导网络作者群体的创作,而且在一定程度上培育了网络文学用户的阅读新趋向。

---

❶ 周志雄. 网络文学如何传承中华文化 [EB/OL]. (2020-01-10). http://www.cac.gov.cn/2020-01/10/c_1580194982434254.htm.

❷ 陈崎嵘. 网络文学现实题材创作"整体性崛起"[EB/OL]. (2019-02-25). http://www.xinhuanet.com/book/2019-02/25/c_1210067541.htm.

值得关注的是,"讲好中华民族故事,弘扬中国时代精神"石榴杯征文大赛的成功举办,标志着我国网络文学与民族文化发展开始建立密切联动机制。

这一征文大赛的参赛对象为起点中文网、起点女生网、创世中文网、云起书院、潇湘书院、红袖添香等阅文旗下各站点全体作者。征文范围包括：民族文化历史题材（历史、古代言情）；现代民族题材（都市、现实、浪漫青春、现代言情）；民族神话故事与传说（悬疑推理、仙侠、武侠、玄幻、奇幻）；军事；科幻及轻小说等。所有参赛作者必须保证作品原创,且拥有参赛作品的全部完整版权。大赛奖励征文奖项设置为：一等奖 1 名,将成为重点打造和开发的对象＋获得阅文作家长约；二等奖 2 名,后续有作品开发机会＋获得阅文作家长约；三等奖 3 名,后续有作品开发机会＋获得阅文作家长约；优秀奖 4 名,最具文化弘扬奖、最具影视改编潜力奖、最具游戏改编潜力奖、最具现实主义精神奖,有作品开发机会＋获得阅文作家长约。特别奖项：最具民族风采奖、最具时代风采奖。

毋庸讳言,网络文学由于其大众参与度高、更新快、娱乐性强、商业化等特征,一定程度上影响到部分原创作品的质量与创新性。针对网络文学出版的监管,不仅需要相关管理部门、网络平台、作者群体与读者群体等多方合作,而且是一个需要长期投入的过程。对于网络平台来而言,关键是要坚持正确出版导向,把社会效益放在首位,积极配合相关社会效益评价考核,尽可能实现经济效益与社会效益相统一。在建立健全把关机制的同时,网络文学行业还需依据相关法律法规,特别是依据国家新闻出版署《关于进一步加强网络文学出版管理的通知》,进一步推动相关企业、平台加强协作,规范市场秩序,不能片面追求点击率、下载量和经济收益,要有开阔视野与长远规划。

网络编辑要紧紧抓住网络出版物,坚持党的路线、方针与政策,按照网络安全指导原则,在网络媒体中展现中华民族传统优秀文化、红色革命文化、社会主义先进文化。针对部分网络出版物内容同质化现象,特别是一些网络平台新闻报道、网络小说、信息服务等内容大同小异的情况,网络编辑应和广大网民一起聚焦国际国内政治、经济、文化、军事、体育、娱乐等诸多领域,强化所属学科专业知识,筛选有效信息、主动策划选题,丰富网络出版物的文化意蕴，传播优质内容。

网络编辑的多元化思维应坚持民族文化底色，贴近人民群众的生产生活实际，自觉引导网民确立正确的思想价值观念，构建科学完善的网络信息传播平台。

二、明确职业规划，将实践经验总结与理论探索相结合

借鉴韩庆祥教授在《建构能力社会——21世纪中国人的发展图景》❶一书中的观点，笔者认为当前我国网络编辑的能力具有现实性、质量性、属人性等特征，在建立健全相关评价体系时应当重视实效性、全面性、延续性及规范化。正如上文所述，网络编辑的工作依托于互联网络，因此必须及时了解信息技术的发展趋势，善于运用新技术、新平台建设传播网络文化。随着互联网技术的不断发展，网络编辑的职业规划应将技术应用与创新思维相结合、内容生产与运营管理相结合，注重编辑能力、素养的更新与重构。例如，网络新闻编辑可以使用mab搜索、XLS搜索表格和Access数据库等方法，以及网络论坛、微信、微博等来采集编辑相关信息，并关注网络话题、事件及热点用语，学会用网民喜闻乐见的形式、语言编辑新闻标题与内容，以提升传播效果。

以光明网宣传党的十九届五中全会精神为例，网站不仅在首页大头条对首场中共中央新闻发布会进行线上直播，而且在首页首屏推出《学习贯彻十九届五中全会精神》网络专题，在要闻区开设"学习贯彻五中全会精神"专区，融合创新图文、音视频、图解等多种形式，全面呈现党的十九届五中全会重要内容。此外，光明网还精心遴选政治素质好、理论水平高、宣讲能力强的专家队伍，组织开展"十九届五中全会精神网上理论宣传项目"，推出理论文章、互动AI、创意视频、动漫、漫画等一批优质融媒体特色产品，并研发智能学习平台。其中，评论文章《光明视评》探索新媒体可视化传播形式，将光明日报和光明网关于党的十九届五中全会精神的重磅评论文章以短小精悍的短视频形式集中推送，网友反响热烈。❷

---

❶ 韩庆祥.建构能力社会——21世纪中国人的发展图景[M].广州：广东教育出版社，2003.
❷ 中华人民共和国国家互联网信息办公室.融合创新主题传播　汇聚奋进强大力量：光明网全力以赴做好十九届五中全会精神网上宣传[EB/OL].（2020-11-17）.http://www.cac.gov.cn/2020-11/17/c_1607178258736884.htm.

再如 2020 年 17k 小说网（www.17k.com）开展家国情怀题材类征文，主题为："文之大家，为国为民"，参赛作品要求架空都市、架空军事，为现实主义题材等，要求内容积极向上，人物主题鲜明，情节完整，真挚感人，可读性强，为原创作品。

建设中国特色社会主义文化强国、网络强国战略目标的提出，着眼于提升我国文化软实力和文化影响力，维护国家文化安全，也为习近平新时代中国特色社会主义思想在网络文化建设领域提供了发展蓝图。网络编辑要明确网络文化的建设目标、方法与途径，将自身的职业规划与中华民族伟大复兴进程相结合，积极倡导健康向上的网络发展氛围，强化舆论引导与网络文化管理，弘扬主旋律、传播正能量。

三、抓住传媒产业发展机遇，为网民提供更多精品力作

依托国家在政策、资金、人才等方面的大力支持，我国互联网业界已经建成一批实力雄厚的新闻网站、文学网站、综合性网站和知识服务平台。目前，我国开展数字化阅读活动成效显著。随着国家全民阅读数字化平台等数字化阅读服务平台建设，部分国家级和省市级公益性数字化阅读推广传播平台将与各类图书馆、农家书屋等终端联网，数字出版在公共文化服务体系建设中的支撑能力会得到强化。

正如阿里巴巴文化娱乐集团副总裁周晓鹏所指出的："斯坦福大学和奥多比的研究人员共同开发出一种全新的人工智能，可自动完成视频剪辑。系统会自动将多个角度拍摄的画面按照脚本进行组织，还可以通过面部识别和情绪识别，对每一帧画面进行分析。"例如，利用这一系统可针对长视频传播效果进行判断，"如果在超过 15 分钟的过程中，受众的情绪起伏点是平的，那么对用户的吸引力肯定是下降……要保证在阶段性的时间点就会出现阶段性的情绪起伏。"[1] 这无疑对于网络编辑采用其他形式聚焦用户体验、提升传播效果也具有一定的借鉴意义。

---

[1] 张博. 科技加持传媒业　推动网媒再前行 [EB/OL].（2020-06-30）. http://www.cac.gov.cn/2020-06/30/c_1595076113494318.htm.

新浪微博机器学习团队 AI Lab 的负责人张俊林指出："模态是一个比较学术的概念，图片、视频、文本、社交关系和行为数据都是其类型。随着技术的发展，模态类型会越来越多，多模态异构数据正在成为信息的主要表现形式。"❶ 与传统媒体主要依赖记者个人敏感度、编辑经验水平进行判断迥异，在人工智能等技术下的网络内容生产主要依托于大数据及算法作为判断依据。这样，一方面使得互联网时代的内容生产变得更加精准、快速，另一方面对网络编辑的观念变革、技术应用提出了更高要求。

目前，以"UC"等为代表的智能推荐平台已经可以集合网络编辑分发、搜索引擎分发与社交分发等功能，网络编辑应强化互联网思维与服务意识，及时把握所属领域网络用户的多层次消费需求与阅读偏好，借助于新兴技术进行全媒体呈现与精准推送，并创新以语音、图像、视频、动画等多元化交互形式，丰富用户体验的层次感。

依据 2020 年 6 月 20 日北京师范大学新闻传播学院喻国明学术工作室发布的《新青年新消费观察研究报告》，互联网经济已经成为新时代消费的重要组成部分。作为互联网的原住民，目前超过 6.5 亿的新青年成为新的消费主力军，未来这一群体规模将进一步扩大。❷

全媒体时代，人工智能、大数据、云计算、区块链、5G 等新技术的应用，正对传媒产业的转型与发展产生日益深刻的影响。网络编辑应利用传媒产业发展机遇和国家网络内容建设、数字化阅读建设、网络文学精品出版等工程，着力发挥导向与把关功能，优化网络信息内容生产与传播的流程与机制，培育网络内容生产的作者群体与受众群体，努力提供满足用户需求的优质网络内容，创新网络文化发展。

例如，除了传承中华优秀传统文化，近年来网络文学对于革命文化与社会主义文化的反映与表现也取得了丰硕成果。2020 年 6 月，中国作协网络文学中心发布《2019 中国网络文学蓝皮书》，对我国网络文学创作现状进行总结。概括而言，在国家层面的倡导和扶持下，2019 年网络文学传播正能量、弘扬

---

❶ 张博. 科技加持传媒业　推动网媒再前行 [EB/OL]. (2020-06-30). http://www.cac.gov.cn/2020-06/30/c_1595076113494318.htm.
❷ 北京师范大学新闻传播学院喻国明工作室. 新青年新消费观察研究报告（完整版）[EB/OL]. (2020-07-12). https://www.sohu.com/a/407196113_184436.

社会主义核心价值观的主流化趋势更加明确，《大美时代》《百年复兴》《大国航空》等一批反映创新创业、社区管理、精准扶贫、物流快递、山村支教、大学生"村官"等领域的现实题材作品脱颖而出，以阅文、掌阅、中文在线、纵横、咪咕、晋江等网站为代表的"网文出海"规模进一步扩大，成为中华文化海外传播的新亮点。❶

值得注意的还有网络文学精品出版工程，这一工程以推进健康的网络文学创作为导向，以提升网络文学创作整体质量为目标，计划通过3～5年时间的引导与培养推出一批思想精深、艺术精湛、制作精良、深受群众喜爱的原创网络文学精品。相信这些网络作品的IP运营将进一步融通多媒体资源，创新文字、图片、音视频、影视剧等表现形式，在全球范围传播中华优秀传统文化中所蕴含的丰富道德理念与规范，对于激发广大网民的担当意识、爱国情怀，践行社会主义核心价值观，构建网络文化具有重要意义。

综上所述，网络编辑在网络文化建设方面，要坚持发展中国特色社会主义文化，增强"四个自信"，培育和践行社会主义核心价值观，推动中华优秀传统文化创造性转化、创新性发展，继承革命文化，发展社会主义先进文化，提升我国的文化软实力。

---

❶ 网络文学成为中华文化海外传播新亮点[EB/OL].（2020-06-29）. http://www.cac.gov.cn/ 2020-06/24/c_1594553463423018.htm.

结 语

◇结 语

　　我国网络出版业在数十年的发展历程中，取得了举世瞩目、难能可贵的诸多成就及突破，其中网络编辑队伍建设就是一个突出成果。概括而言，网络编辑这一职业在我国的兴起，源于互联网络的迅猛发展。随着科学技术日新月异的进步，特定历史时期的政治、经济与文化环境也推动其日益走向成熟与规范化。党的十九大以来，我国的发展步入新时代，在实现"两个一百年"目标和构建人类命运共同体的总体战略框架下，党和国家日益重视互联网安全与建设。这无疑为网络编辑人才队伍建设提供了难得的发展机遇。但近年来出现了一些引发广泛关注的网络不良现象和事件，网络编辑的职业规范与人才培养日益引发社会各界广泛关注。

　　本书针对全媒体时代网络编辑职业特征、能力素养及人才培养模式进行系统研究，尝试探讨社会文化发展进程中网络编辑领域的运行机制及存在问题，并提出发展对策。互联网是一个社会信息大平台，亿万网民通过网络获取、交流信息，其求知途径、思维方式、价值观念都受到网络的重要影响。新形势下，深入研究网络编辑的"把关人"角色，加强网络编辑队伍建设，对网络出版的内容、质量及未来发展趋向无疑具有决定性意义。网络编辑要以人民为中心，积极加强网络内容建设，宣传社会主义核心价值观，弘扬正能量，发扬中华民族优秀传统文化，培育积极健康、向上向善的网络文化，促使网络空间天朗气清、生态良好。

　　当前，国际形势风云变幻，全球网民在互联网络信息传播中可能遭遇网络诈骗、网络谣言、色情暴力信息等不良现象，我国部分网站之间存在恶意竞争、内容同质化、人才流失严重、工作流程不规范等违法违规行为。本书立足于我国网络出版业的发展现状及趋势，针对网络编辑职业群体在网络出版物的生产与传播过程中发挥的重要地位入手，系统分析其职业定位、知识技能、基本素养及人才培养模式等，并在此基础上尝试深入探索新时代网络编辑在中国特色社会主义文化建设、文化传播领域的积极作用，以期为相关领域拓展网络编辑人员培养的方法途径，激发网络编辑工作积极性与潜能提供参考。

近年来，国家相继出台多项政策，并建立健全网络出版服务单位依法从事网络出版服务的法律法规体系，为网络出版服务业的发展与繁荣提供保障。具体来看，包括《网络出版服务管理规定》《中华人民共和国网络安全法》《互联网新闻信息服务管理规定》《关于推动网络文学健康发展的指导意见》《关于移动游戏出版服务管理的通知》等法律法规，着力建立健全网络出版服务单位及网络出版物的内容审核责任制度、责任编辑制度、责任校对制度和重大选题备案制度等管理制度，是依法治国、全面提升治理体系及治理能力等理念在网络出版领域的具体体现，有助于系统推进社会主义先进网络文化建设。

网络编辑担负着文化生产、文化传播的重大使命，当前面临全球疫情防控的复杂形势，应当进一步明确自身的职业定位，自觉引导公众舆论、践行社会主义核心价值观。只有站在传承人类文明、构建人类命运共同体的高度，网络编辑才能自觉拓展视野，恪守职业道德，坚定树立底线、红线意识，提升服务能力，保障广大网民特别是未成年人的合法权益，为受众提供更多更好的优质网络出版物。

虽然2016年国家取消了网络编辑员等职业资格认定，但同年北京地区就开始试行数字编辑职业资格评定工作，保障了相关从业人员的职业规划与发展空间。网络编辑应当自觉弘扬社会主义核心价值观，将爱国主义、集体主义、社会主义、民族团结教育等内容采用受众喜闻乐见、丰富多样的形式进行生产与传播，及时反映国内外新的科学文化成果，引导社会舆论倡导科学精神、塑造美好心灵、弘扬社会正气、推进文化创新。

参考文献

部分网站网址

1. 中华人民共和国中央人民政府，http://www.gov.cn/
2. 中华人民共和国国家互联网信息办公室，中共中央网络安全和信息化委员会办公室，http://www.cac.gov.cn/
3. 中华人民共和国国家版权局 http://www.ncac.gov.cn/chinacopyright/
4. 中国新闻出版广电网，https://www.chinaxwcb.com/
5. 人民网，http://www.people.com.cn/
6. 新华网，http://www.xinhuanet.com/
7. 世界互联网大会官网，http://www.wicwuzhen.cn/
8. 艾瑞咨询，https://www.iresearch.com.cn/
9. 百道网，https://www.bookdao.com/
10. 百度，https://www.baidu.com/
11. 中国日报，http://cn.chinadaily.com.cn/
12. 中国经济网，http://www.ce.cn/
13. 光明网，http://www.gmw.cn/
14. 央视网，https://www.cctv.com/
15. 中国网，http://www.china.com.cn/
16. 新浪网，https://www.sina.com.cn/
17. 国际在线，http://www.cri.cn/
18. 澎湃新闻，http://www.thepaper.cn/

19. 搜狐网，https://www.sohu.com/

20. 央广网，http://www.cnr.cn/

21. 凤凰网，https://www.ifeng.com/

22. 求是网，http://www.qstheory.cn/

23. 网易，https://www.163.com/

24. 网络报，https://wangluobao.com.cn/

25. 头条新闻，https://kankan.eastday.com/

26. 中国青年网，http://www.youth.cn/

27. 豆瓣，https://www.douban.com/

28. 知乎，https://www.zhihu.com/

29. 起点中文网，https://www.qidian.com/

30. 小说阅读网，https://www.readnovel.com/

31. 晋江文学城，http://my.jjwxc.net/

32. 17K 小说网，https://www.17k.com/

33. 潇湘书院，https://www.xxsy.net/

34. 纵横中文网，http://www.zongheng.com/

35. 红袖添香，https://www.hongxiu.com/

36. 言情小说吧，https://www.xs8.cn/

37. 逐浪网，http://www.zhulang.com/

著作及研究文献

1. 中共中央党史和文献研究. 习近平关于网络强国论述摘编 [M]. 北京：中央文献出版社，2021.

2. 习近平. 习近平谈治国理政 [M]. 北京：外文出版社，2014.

3. 习近平. 习近平谈治国理政 [M]. 北京：外文出版社，2017.

4. 习近平. 习近平谈治国理政 [M]. 北京：外文出版社，2020.

5. 习近平. 论党的宣传思想工作 [M]. 北京：中央文献出版社，2020.

6. 中国共产党第十九届中央委员会第五次全体会议文件汇编 [M]. 北京：人民出版社，2020.

7. 中共中央党史和文献研究院. 十九大以来重要文献选编（上）[M]. 北京：中央文献出版社，2019.

8. 国家发展和改革委员会高技术产业司，中国信息通信研究院. 大融合、大变革：〈国务院关于积极推进"互联网＋"行动的指导意见〉解读[M]. 北京：中共中央党校出版社，2015.

9. 杰里米·里夫金. 零边际成本社会：一个物联网、合作共赢的新经济时代[M]. 赛迪研究院专家组，译. 北京：中信出版社，2014.

10. 杰里米·里夫金. 零碳社会：生态文明的崛起和全球绿色新政[M]. 赛迪研究院专家组，译. 北京：中信出版社，2020.

11. 杰里米·里夫金. 第三次工业革命：新经济模式如何改变世界[M]. 张体伟，孙豫宁，译. 北京：中信出版社，2012.

12. 塞缪尔·亨廷顿. 文明的冲突[M]. 周琪，等，译. 北京：新华出版社，2013.

13. 加里·阿姆斯特朗，菲利普·科特勒. 市场营销学[M]. 赵占波，译. 11版. 北京：机械工业出版社，2015.

14. 特蕾西·塔滕，迈克尔·所罗门. 社会化媒体营销[M]. 李季，宋尚哲，译. 北京：中国人民大学出版社，2014.

15. 马克斯·韦伯. 新教伦理与资本主义精神[M]. 康乐，简惠美，译. 上海：上海三联书店，2019.

16. 费正清. 美国与中国[M]. 张理京，译. 北京：世界知识出版社，1999.

17. 植田康夫. 出版大畅销[M]. 甄西，译. 北京：国际文化出版公司，2011.

18. 迈克尔·塞勒. 移动浪潮：移动智能如何改变世界[M]. 邹韬，译. 北京：中信出版社，2013.

19. 伊曼纽尔·沃勒斯坦. 变化中的世界体系：论后美国时期的地缘政治与地缘文化[M]. 王逢振，译. 北京：中央编译出版社，2016.

20. A.司各特·伯格. 天才的编辑：麦克斯·珀金斯与一个文学时代[M]. 彭伦，译. 南宁：广西师范大学出版社，2015.

21. 苏·卡利·詹森. 批判的传播理论：权力、媒介、社会性别和科技[M]. 曹晋，主译. 上海：复旦大学出版社，2007.

22. 弗里德利希·冯·哈耶克.自由秩序原理[M].邓正来,译.北京：生活·读书·新知三联书店,1997.

23. 古斯塔夫·勒庞.乌合之众：大众心理研究[M].冯克利,译.北京：中央编译出版社,2016.

24. 梅尔文·门彻.新闻报道与写作[M].展江,主译.11版.北京：世界图书出版公司,2013.

25. 贾森·爱泼斯坦.图书业[M].杨贵山,译.北京：中国人民大学出版社,2006.

26. 爱德华·斯诺登.永久记录：美国政府监控全世界网络信息的真相[M].萧美惠、郑胜得,译.北京：民主与建设出版社,2019.

27. 周绍明.书籍的社会史：中华帝国晚期的书籍与士人文化[M].何朝晖,译.北京：北京大学出版社,2009.

28. 聂震宁.阅读力[M].北京：生活·读书·新知三联书店,2017.

29. 沈谦芳.邹韬奋传[M].北京：生活·读书·新知三联书店,2016.

30. 吴忠民.中国现代化论[M].北京：商务印书馆,2019.

31. 费伟伟.人民日报记者说：好稿是怎样"修炼"成的[M].北京：人民日报出版社,2018.

32. 王小峰.只有大众,没有文化[M].南宁：广西师范大学出版社,2015.

33. 明安香.美国：超级传媒帝国[M].北京：社会科学文献出版社,2005.

34. 何群.文化生产及产品分析[M].北京：高等教育出版社,2006.

35. 陈昌凤.中国新闻传播史：媒介社会学的视角[M].北京：北京大学出版社,2007.

36. 黄奇帆.结构性改革：中国经济的问题与对策[M].北京：中信出版社,2020.

37. 许纪霖.小时代中的理想主义[M].广州：广东人民出版社,2017.

38. 唐润华,等.中国媒体国家传播能力建设战略[M].北京：新华出版社,2015.

39. 陈序经.文化学概观[M].北京：中国人民大学出版社,2009.

40. 王炳权.当代中国政治思潮研究[M].北京：中国社会科学出版社,2014.

41. 徐子沛.数据之巅：大数据革命,历史、现实与未来[M].北京：中信出版社,2014.

42. 周小华，等．基于新媒体技术的马克思主义传播 [M]．北京：国家行政学院出版社，2012．

43. 吴声．超级 IP：互联网新物种方法论 [M]．北京：中信出版社，2016．

44. 王建宙．移动时代生存 [M]．北京：中信出版社，2014．

45. 惠志斌，唐涛．中国网络空间安全发展报告（2015）[M]．北京：社会科学文献出版社，2015．

46. 郝振省、陈威．中国阅读：全民阅读蓝皮书（第一卷）[M]．北京：中国书籍出版社，2009．

47. 陈来．中华文明的核心价值：国学流变与传统价值观 [M]．北京：生活·读书·新知三联书店，2015．

48. 姜义华．现代性：中国重撰 [M]．北京：北京师范大学出版社，2008．

49. 陈旭麓．近代中国八十年（1840-1919）[M]．上海：上海人民出版社，2019．

50. 牟国胜．编辑审稿录 [M]．北京：中国传媒大学出版社，2018．

51. 张文红．出版概论 [M]．北京：高等教育出版社，2017．

52. 周蔚华，等．数字传播与出版转型 [M]．北京：北京大学出版社，2011．

53. 吴玉兰．媒介素养十四讲 [M]．北京：北京大学出版社，2014．

54. 金慧敏．媒介的后果：文学终结点上的批判理论 [M]．北京：人民出版社，2005．

55. 颜海、苏娴、熊晓亮．文化产业概论 [M]．北京：北京大学出版社，2014．

56. 邵益文、周蔚华．普通编辑学 [M]．北京：中国人民大学出版社，2011．

57. 何明星．新中国书刊海外发行传播 60 年 [M]．北京：中国书籍出版社，2010．

58. 人民日报社研究部．人民日报 70 年新闻论文选 [C]．北京：人民日报出版社，2018．

59. 宋夕东．网络编辑：内容规划文案创作运营推广 [M]．北京：人民邮电出版社，2019．

60. 王向军．网络编辑实务：网络信息内容建设与运营 [M]．北京：西南交通大学出版社，2019．

61. 金力，刘路悦．网络编辑实训教程 [M]．北京：北京大学出版社，2010．

62. 韩隽，吴晓辉，梁利伟. 网络编辑 [M]. 3 版. 大连：东北财经大学出版社，2015.

63. 王欣. 网络编辑 [M]. 北京：机械工业出版社，2016.

64. 范慰慈. 网络编辑员（基础知识　国家职业资格四级）[M]. 北京：中国劳动社会保障出版社，2006.

65. 本书编写组. 网络编辑员（三级）[M]. 北京：中国劳动社会保障出版社，2009.

66. 劳动和社会保障部教材办公室. 网络编辑师（国家职业资格二级 一级）[M]. 北京：中国劳动社会保障出版社，2006.

67. 范慰慈. 助理网络编辑师（国家职业资格三级）[M]. 北京：中国劳动社会保障出版社，2006.

68. 谭云明. 助理网络编辑师考试指南 [M]. 北京：中央广播电视大学出版社，2008.

69. 卢金燕. 网络编辑实务项目教程 [M]. 西安：西安电子科技大学出版社，2018.

70. 中华人民共和国劳动和社会保障部培训就业司. 网络编辑员 [M]. 北京：中国劳动社会保障出版社，2007.

71. 班欣，梁剑云. 网络编辑 [M]. 北京：机械工业出版社，2016.

72. 李文明. 网络文化教程 [M]. 北京：北京大学出版社，2016.

73. 郑孝昌. 网络编辑实务 [M]. 北京：北京师范大学出版社，2019.

74. 邵燕君. 破壁书：网络文化关键词 [M]. 北京：生活·读书·新知三联书店，2018.

75. 宋协娜. 文化自信与网络文化惠民工程 [M]. 北京：知识产权出版社，2018.

76. 郑元景. 中国网络文化软实力研究 [M]. 北京：人民出版社，2016.

77. 曾静平. 网络文化学 [M]. 北京：人民出版社，2019.

78. 重庆邮电大学. 网络文化问题研究 [M]. 北京：中国社会科学出版社，2019.

79. 左斌等. 网络文化与青少年发展研究 [M]. 北京：世界图书出版公司，2013.

80. 刘贤明，李征坤，王国荣. 网络文化载体识别与交融 [M]. 北京：北京理工大学出版社，2012.

81. 仓理新，刘仲翔，李崇文. 流行语折射的网络文化. 北京：旅游教育出版社，2012.

82. 张绍荣. 网络文化生态场域治理研究 [M]. 北京：人民出版社，2020.

83. 马中红，杨长征. 新媒介·新青年·新文化：中国青少年网络流行文化现象研究 [M]. 北京：清华大学出版社，2016.

84. 刘宇，唐亚阳，郑章飞，等. 中国网络文化发展二十年（1994-2014）·网络技术编 [M]. 长沙：湖南大学出版社，2019.

85. 宋元林. 网络文化与人的发展 [M]. 北京：人民出版社，2009.

86. 詹新惠. 网络与新媒体编辑运营实务 [M]. 北京：中国传媒大学出版社，2019.

87. 师静，王秋菊. 解密网编：网络编辑职业调查与解析 [M]. 济南：山东大学出版社，2010.

88. 彭兰. 网络新闻编辑教程 [M]. 武汉：武汉大学出版社，2007.

89. 李立威，王秦，谭云明，等. 网络信息编辑（第3版）[M]. 北京：北京航空航天大学出版社，2019.

90. 李名亮. 网络新闻编辑实务 [M]. 北京：学林出版社，2015.

91. 曾静平，谢永江，詹成大. 拒绝负联网：互联网乱象与治理 [M]. 西安：陕西师范大学出版社，2012.

92. 王桂兰. 当代中国文化生态初论 [M]. 北京：人民出版社，2019.

93. 李文明，吕福玉. 网络文化产业研究 [M]. 北京：经济科学出版社，2014.

94. 马化腾，等. 互联网＋国家战略行动路线图 [M]. 北京：中信出版社，2015.

95. 聂震宁. 出版人断想 [M]. 北京：人民出版社，2015.

96. 徐子沛. 大数据：正在到来的数据革命，以及它如何改变政府、商业与我们的生活 [M]. 南宁：广西师范大学出版社，2013.

97. 刘华鹏. 互联网＋营销：移动互联网时代的营销新玩法 [M]. 北京：中国经济出版社，2016.

98. 金冠军，郑涵，孙绍谊. 国际传媒政策新视野 [M]. 上海：上海三联书店，2005.

99. 王永亮，成思行. 倾听传媒论语 [M]. 北京：新世界出版社，2003.

100. 王文科. 媒介创新和文化场域嬗变文集 [C]. 北京：中国广播电视出版社，2009.

101. 孙祥飞. 新闻传播学热点专题 80 讲 [M]. 北京：人民日报出版社，2015.

102. 唐东堰，雷奕，孙彩林. 网络与新媒体文学 [M]. 北京：北京大学出版社，2018.

103. 窦锋昌. 全媒体新闻生产：案例与方法 [M]. 上海：复旦大学出版社，2018.

104. 姚立伟. 决胜全媒体：多媒体融合全流程制作 [M]. 北京：化学工业出版社，2015.

105. 朱江丽. 全媒体整合广告策略与案例分析 [M]. 北京：中国人民大学出版社，2016.

106. 刘立伟. 决胜全媒体——多媒体融合全流程制作 [M]. 北京：化学工业出版社，2015.

107. 黄鹂. 全媒体创新案例精解 [M]. 上海：复旦大学出版社，2020.

108. 李军. 全媒体新闻采访写作教程 [M]. 北京：北京大学出版社，2020.

109. 吴殿义. 基于全媒体大数据的视频内容评估模型建构 [M]. 北京：清华大学出版社，2020.

110. 曹学艳. 全媒体环境下的信息资源建设导论 [M]. 成都：电子科技大学出版社，2017.

111. 李宝玲. 全媒体时代传统出版业数字化发展研究 [M]. 北京：企业管理出版社，2016.

112. 刘千桂，蔡倬逸，赵梦宇. 四全媒体创新发展案例集 [M]. 北京：企业管理出版社，2020.

113. 崔恒勇. 全媒体出版与互动传播 [M]. 北京：知识产权出版社，2019.

114. 邓香莲. 全媒体语境下老龄社会的阅读服务保障整合研究 [M]. 上海：复旦大学出版社，2020.

115. 刘长乐. 凤凰全媒体 [M]. 北京：民主与建设出版社，2016.

116. 张统宣，张王梅. 全媒体时代下的新闻生产 [M]. 沈阳：东北大学出版社，2019.

117. 叶芳. 全媒体时代的网络新闻——理论、方法与技术 [M]. 北京：世界图书出版公司，2016.